# 写真地理を考える
## ── a Photograph Notebook

原 眞一
*Hara Shinichi*

ナカニシヤ出版

# 『写真地理を考える』の刊行に寄せて

## 山田　誠

　本書の著者原　眞一さんはベテランの地理教員である。愛知県内の公立高等学校で長年教鞭をとり，定年退職後は東海地方の五指に余る大学で教壇に立っておられる。その一方で，原さんは少年時代から写真に親しみ，今日まで撮りためた写真は膨大な数に上る。本務と趣味を結合することを目指して，原さんは，地理教育において写真がもちうる役割について長年にわたって考え，そして実践してこられた。本書は，原さんのそうした長年の経験に基づいて編まれたものである。

　写真と地理との関係に関しては，先年物故された石井　實先生のお仕事がよく知られている。石井先生の著された何冊かの書物と比べて，本書の特色とすべき点として，私は次の諸点をあげることができるのではないかと考えている。①外国を写した写真の割合がかなり高いこと，②カラー写真が16頁にわたって掲載されていること，③高校や大学での地理(学)教育での利用が強く意識されていること，の3点がそれである。

　私が原さんを知るようになったのは，今から20年余り前のことである。もともと1966年に藤岡謙二郎先生(当時京都大学教授，後に奈良大学教授)が始められた「野外歴史地理学研究会」(略称FHG)が，1985年の先生の没後しばらく活動休止状態になっていたのを，先生の門弟のお一人の樋口節夫先生(当時，大阪国際大学教授)が1989年に再開された，その会(藤岡先生時代と区別するため，略称のみ「ニューFHG」を用いる)の巡検が，われわれの出会いの場であった。当時のニューFHGの活動は，春と秋年2回の国内日帰り巡検と，夏の1週間前後の海外巡検を内容としていたが，私が最初の数年は国内巡検への参加にとどまっていたのに対して，原さんは1990年の第1回海外巡検(韓国)以来，一昨年まで海外巡検にもすべて参加された。

　ニューFHGの発足当時から，原さんはこの会の写真担当と自他ともに認める存在であった。国内・海外を問わず，参加者の集合写真の撮影はすべて原さんに担当していただいていたし，海外巡検終了後に編集・印刷して参加者(＝執筆者)や国内巡検参加者にも配布する海外巡検の記録文集，さらには，初期の海外巡検文集の内容を再構成するなどして2000年にナカニシヤ出版から刊行された『世界の風土と人びと』においても，原さん撮影の写真が多く用いられた。また，私が最初に参加したニューFHG海外巡検(1994年，イギリス)でも，原さんと写真の切っても切れない関係を示すエピソードがあった。それは，それまで原さんと面識のなかった参加者の一人が，原さんのことを通常の巡検参加者(ニューFHGの会員)ではなく，修学旅行にしばしば同行するようなプロカメラマンと誤解したことである。このことを知った原さんが，しばらくの間かなり落ち込んでいたのを，私は今も覚えている。しかし，これは，原さんの写真撮影の際の行動パターンや身のこなしが

素人の域を完全に超えていることを示すものだったのではなかろうか。

　原さんは，地理教育や地理学研究において写真がどのような役割を果たしうるかについて考えた内容を，しばしば学会や講演会などで発表された。私も何度か拝聴したことがある。当然ながら，そこでは原さん自身による多数のスライド写真が用いられていた。それらの中には，私も撮影の場にいあわせたものも含まれてはいたが，もちろんそうではないものも多かった。もっとゆっくり見たいと思いながらも，限られた講演時間の中では，すぐに次の写真に切り替わるのも致し方なかった。そうしたことから，原さんの作品をもっと時間をかけて見ることができるように，ぜひ写真集を編集・刊行してほしいということを，ニューFHGの海外巡検の折だったか，何人かの仲間とともに原さんにお勧めしたこともある。このような経緯から，私は本書の刊行を殊の外喜んでいるのである。

　今日，序文のついた書物にはほとんどお目にかかる機会がない。拙文もあるいは無くもがなかと思われるが，上にも記したように，私自身がこのような書物を待ち望んでいたことから，序文執筆のご依頼を喜んでお受けしたしだいである。

(龍谷大学教授・京都大学名誉教授／野外歴史地理学研究会顧問・前会長)

2012年1月

# 写真地理について——写真で読み解く地域の姿

　長い間，地理教育において，とくに野外での見聞（野外観察や地域調査など）を通じて，地域理解や地理的見方・考え方の育成を重視してきた。そのために著者自身も野外に積極的に出かけることを心がけ，教材研究の一環として野外での多様な景観・地域・風土の実態に接し，その臨場感をできるだけ授業に取り入れることに努めてきた。

　その一つの大きな支柱が自作の地理写真の活用である。また，学習者自身も野外に出て，積極的に地域観察や地域調査を行うことを奨励し微力を注いできた。さらに高校地理では，遠足や修学旅行など校外での教育活動を，できるだけ地理学習の延長と発展として位置づけ，地図とともに地理写真の活用を多面的に実施する機会も少なくなかった。

　とくに自作の地理写真の地理教育的意義や効果など，「地理写真を活かした地理教育」について，大学の地理教育（地理学，地誌学，自然地理学など）でも，高校での体験を踏まえ，地理写真活用の取り組みを加味している。今後はさらに地理写真について再考し，地理写真から写真地理への模索を深めていきたいと考えている。

　そこで本書で取り上げる内容の構成は，さまざまな視点から捉えた地理的技能（スキル）としての地理写真，そして地誌的，主題的，景観・風土的な地理写真の多様な事例が中心である。それぞれの視点や内容を概説することに主眼をおきつつ，地理写真を読む，地理写真から発想する視点を重視している。また，写真で語る地理に主眼をおき景観を重視している。

　地理学の重要な概念である景観は他分野でも多く使用されている。また，景観と風景との関係についての解釈において，多少なりとも文献を紐解いたが，景観と風景なる用語は多面的に活用されている。風景なる用語についても大いに参考になるが，混乱をさけるため，本書では地域を把握する視点として一括して「景観」として捉えることにした。また，地理写真を中心に取り上げつつコンパクトに解説も試みた。

　掲げた写真は約40年間の巡検などで撮り歩きしてきたものであるが，新しい写真も多く掲載している。古い写真はある意味では陳腐であると思われるが，記録性が高く意義深いので随所に活用することにした。授業に使用したものも多くあるが，新たに加えた内容も取り入れている。そして写真地理としてのバランスを考慮して，地理教育における教科書的な再編成を試みた。

　序章として地理写真について若干であるが再考を試み，2～7章においては多面的に地理写真で語る内容を掲げることに力点をおき，終章において，高校と大学での取り組みにおける反応（感想）を掲げた。著者のささやかな「地理写真と地理教育」についての総括でもあり，「写真で読み解く地域の姿」を追求した写真地理の模索と概説である。

## もくじ

『写真地理を考える』の刊行に寄せて ——————————————— 山田　誠　*i*

写真地理について ——写真で読み解く地域の姿—————————————— *iii*

### ❶ 地理写真を考える——写真から地理的表現を読む　　　　　　　　　　　*1*

　1　地理写真を求めて ———————————————————————— *1*
　2　地理写真は写真の一つの分野である ———————————————— *2*
　3　地理写真の撮り方，提示の仕方，読み方 —————————————— *3*
　4　地理写真と地理教育の関係 ———————————————————— *4*
　5　地理写真と写真地理 ——————————————————————— *4*

### ❷ シャッターチャンスを活かす——車窓・機上からの景観を捉える　　　　*5*

　1　列車の車窓から ————————————————————————— *5*
　2　バスの車窓から ————————————————————————— *7*
　3　機上から ———————————————————————————— *10*

### ❸ スキルとしての地理写真——写真を読む（読写力）　　　　　　　　　　*12*

　1　1枚の写真（単写真）から景観を読む ———————————————— *12*
　2　1枚の写真から大都市の新旧の景観を読む ————————————— *15*
　3　地域の変貌を読む ———————————————————————— *16*
　4　2枚の写真から共通テーマを設定する ——————————————— *17*
　5　対照的な生活環境を考える ———————————————————— *18*
　6　写真と地形図（地図）・案内説明板を併用する ———————————— *21*
　7　暮らしを読む——組み写真の活用 ————————————————— *26*
　8　文学作品の景観描写から地域性を想像する ————————————— *27*

### ❹ 地誌と写真（世界編）——地域を写す　　　　　　　　　　　　　　　　*29*

　1　タイランド（首都バンコクと北部山岳地帯）——東南アジアの縮図 ——— *29*
　2　イギリス——スコットランドとイングランドの風土 ————————— *33*
　3　韓国——ソウル・釜山・水原・慶州・南西部海岸地域・済州島の景観 —— *37*

|  |  |  |
|---|---|---|
| 4 | カナダ——多様な都市景観 | 42 |
| 5 | フィジー(共和国)——南太平洋の島嶼国家の景観と暮らし | 46 |
| 6 | メキシコシティ——高原の巨大都市の変遷と都市景観 | 48 |
| 7 | イスタンブール(トルコ)——アジアとヨーロッパが跨る文明の十字路 | 50 |
| 8 | ペナンとマラッカ(マレーシア)——コロニアルな景観を残すマレーシアの海峡都市 | 52 |
| 9 | 大連(中国)——近代史に翻弄された中国東北地域の港湾都市 | 54 |

## 5 地誌と写真(日本編)——地域を写す　56

| 1 | 名古屋——歴史軸の断面と現代 | 56 |
|---|---|---|
| 2 | 神戸——国際港湾都市の変遷と震災・防災都市 | 60 |
| 3 | 浜松——企業風土が息づく多彩な政令指定都市 | 64 |
| 4 | 大潟村(秋田県)——新しい干拓村の誕生 | 66 |
| 5 | 名瀬・奄美(鹿児島県)——「道の島」・奄美群島の港湾都市 | 68 |
| 6 | 北海道・夕張と長崎県・高島——旧産炭の街の今 | 71 |
| 7 | 下関と門司——海峡都市景観の連携 | 74 |
| 8 | 佐久島(愛知県)——アートで島おこし | 77 |
| 9 | 明日香村(奈良県)——歴史的風土と文化的景観 | 79 |

## 6 テーマと写真——各地の地理的事象を捉える　81

| 1 | 扇状地の土地利用とワイン産業——山梨県甲府盆地の勝沼(甲州市) | 81 |
|---|---|---|
| 2 | 遊牧民の暮らし——モンゴル | 82 |
| 3 | 計画都市・首都移転と新行政首都——キャンベラ(オーストラリア)とプトラジャヤ(マレーシア) | 84 |
| 4 | 産業景観と観光——愛知県常滑市のやきもの散歩道 | 86 |
| 5 | 移民の集落(街)——アメリカ村(和歌山県旧日高町＝現美浜町三尾)と日系の街(カナダ・バンクーバー近郊スチブストン) | 87 |
| 6 | 国際河川——ライン川とメコン川 | 89 |
| 7 | まちづくり——愛知県足助町(現豊田市足助町) | 92 |
| 8 | 都市交通——沖縄・那覇,富山,フランス・ストラスブール,名古屋 | 94 |
| 9 | 漁業出稼ぎの島——ロフォーテン諸島(ノルウェー)と石川県舳倉島 | 96 |
| 10 | 森林鉄道から観光・登山鉄道——台湾・阿里山 | 98 |
| 11 | 世界遺産——岐阜県白川郷・富山県五箇山の合掌集落,北海道・知床,中国・雲南省麗江,オーストラリア・ウルルとカタ・ジュタ | 99 |
| 12 | 環境保全1　ナショナル・トラスト——イギリス湖水地方と和歌山県田辺湾の天神崎 | 103 |

|  |  |  |
|---|---|---|
| 13 | 環境保全2——里山(愛知県瀬戸市海上の森)と干潟(名古屋港藤前干潟) | 104 |
| 14 | 環境問題——産業廃棄物不法廃棄(香川県豊島)とエコタウン(香川県直島) | 105 |
| 15 | コリアタウン——大阪市生野区御幸商店街 | 106 |
| 16 | 都市近郊の林業と都市農業——京都の北山杉と伝統野菜(加茂茄子) | 107 |
| 17 | 高冷地農業——岐阜県ひるがの高原(岐阜県郡上市＝旧高鷲村) | 109 |
| 18 | 景観と景観法——滋賀県近江八幡の八幡堀と町並み・水郷地帯 | 110 |
| 19 | 過疎地帯——奈良県十津川村 | 111 |
| 20 | 愛知用水——「木曽川の水を知多半島へ」の願い | 112 |
| 21 | リバーフロント——大阪の道頓堀・中之島と北九州小倉の紫川 | 114 |
| 22 | ジオパーク——伊豆大島 | 115 |
| 23 | 二つの地下水路——カッターラとマンボ | 116 |
| 24 | プランテーション農業——スリランカの茶 | 117 |

## 7 景観と写真——多彩な景観・風土を捉える　118

1. 日本の自然景観　118
2. 世界の自然景観　121
3. 日本の文化景観　124
4. 世界の文化景観　130

## 8 地理写真再考——学習者の反応を踏まえて　137

1. 高校の授業での反応　137
2. 大学の授業での反応　140

参考文献　144
(付)実習取材ノート　148
おわりに——地理写真から写真地理への模索を求めて　149

# 1 地理写真を考える
―― 写真から地理的表現を読む ――

## 1 地理写真を求めて

　様々な地理巡検に出向くとカメラを持たない参加者はほとんどいない。著者自身も含めて参加者の多くは現地で写真を多く撮っている。どのような目的と視点から何を対象に撮っているのだろうか。またその後、どのように保存し活用しているのだろうか。つまり、写真撮影の視点とその活用法に興味・関心が高まる。

　地域教材の収集や教材開発などの目的で、巡検・見学会、調査、教材研究、引率、ツアー、撮り歩きからなどを通じて、できるだけ多くの地理写真を求めて、多様な地域を訪ね、地理写真のストックを重ねることに努めてきた。野外に出かければ地理写真のチャンスが広がるのである。巡検は時間的、場所的、撮影条件などの制約は多いが、巡検ではテーマ設定から地域に接することが多く、地域の断面を撮る地理写真のトレーニングができるよい機会であると考えている。常に機会を設け、多様な地域に接することを念頭におき、地域や景観などを見る目（観察眼）を養うことを大切にしてきた。

　今日、デジタルカメラでの写真が急速に主流となり、便利さが優先され、とにかく多く撮影すればよいとの安易な気持ちになりがちである。しかし、瞬間的であってもよく観察して魂を入れて撮る精神（一写入魂）を大切にしたいものである。また、地理写真を通じて地理の目を養うことは、同時に地理写真の深みにもつながっていくのである。

　一枚の地理写真のもつ意味は大きいと考え、常に「一写入魂」を念頭に置きシャッターを切っていきたいものである。

**地理写真と初めての出会い**（1967年8月）
初めての地理学教室の地理野外実習（隠岐群島：指導教官・佐々木高明先生）で訪れた西ノ島の赤之江（しゃくのえ）（半農半漁の集落）。

## 2　地理写真は写真の一つの分野である

簡潔に言えば，「地理写真」とは，「地理の目」と「写真の眼」で撮った写真である。
「地理の目」——景観・場所・地域・地理的事象などを見る・捉える地理的視点である。
「写真の眼」——景観・場所・地域・地理的事象などの実態を「地理の目」を通して，視覚的表現の媒介であるカメラで意図的で瞬時に捉える視点である。

　一見さりげない景観からも「地理の目」で注意深く見れば，地域の豊かなメッセージがあるのである。景観は多くの情報を有している。地理写真はカメラで景観や生活環境を切り取られたものであり，写真は地域・景観の断片でもある。景観を見る・撮る場合，「レンズの眼」と「人の目」を融合して捉える視点が大切である。

　地理写真は写真の一分野であるので，まず，写真の基本的な性格をよく認識し，写真の撮り方を深めることも大切である。写真と地理写真に関連して多様な側面がある。それらの観点を掲げてみる。

(1)　カメラはハードウェアで写真はソフトウェアである。カメラの眼を磨き，写真についての理解を深めたい。
(2)　観察眼とカメラ眼。日頃から多様な事象について観察力を培うことが大切であり，カメラのファインダーからの視点を捉える。
(3)　シャッターチャンスを活かす。
(4)　写真に語らしめる。つまり，写真の力をよく認識する。
(5)　表現力と感受性を磨く。
(6)　写真の背後を読む・想像する。
(7)　写真は記録性を有するが，主観的で誇張されやすい側面がある。
(8)　撮影者が意図せぬ内容(情報)を読む。
(9)　地理写真は視覚的教材である。
(10)　地理写真は撮影者の地理観が反映する。
(11)　地理写真は景観の記録写真である。
(12)　すべての風景写真は，地理写真として捉えられる(読み手次第)。
(13)　絵はがきも地理写真になる。
(14)　地理写真の撮り方・読み方・活用の仕方を磨き工夫する。
(15)　地理的技能としての地理写真の役割をよく認識する。
(16)　地理写真は地域理解の糸口である。
(17)　地域(景観)の変化を撮る(定点撮影)。
(18)　地理写真の有効性と限界性を認識して活用する。
(19)　自作の地理写真は強い説得力がある。
(20)　地理巡検は地理写真のスキル習得とストックの場である。

**全体的に市街地を眺望して都市景観を撮る事例**(2007年8月)
メキシコ中央高原の地方都市・グアナファト市街と著者。

## 3　地理写真の撮り方，提示の仕方，読み方

　地理写真の活用は，地理・地域の理解や興味・関心などにおいて，地理教育的効果は大きいと体験から思われる。とくに世界地誌の学習に写真を活用すれば，イメージも捉えやすく理解はより深まり，大変有益であるのではないか，と考えている。やはり地域認識などに対する視覚的情報のもつ意義は大きいのである。その場合，写真の撮り方と活用の意図，提示法が重要なポイントとなる。それぞれの4つの観点について要点を整理する。
　第1に撮影の観点として，①事実(現象)を撮る，②ねらいを撮る，③偶然を撮る，④発見を撮る。
　第2に地理写真の内容の観点として，①一部を強調するか全体からとらえるか，②読みとることが容易であるかどうか，③具体的であるか抽象的であるか。
　第3に撮り方の仕方の観点として，①構図，②切り取り，③アングル，④レンズなどで表現が異なる。
　第4に写真の提示の仕方の観点として，
　①写真の提示──自由に読みとる・考えさせる──内容の認識・理解。
　②写真の提示──考えさせる──ヒントを与える──認識・発展。
　③写真の提示──意図と解説を加える──考えさせる──認識・発展。
　④事前に内容などを説明──写真の提示──内容の確認──発展。
　さらに写真の見方・読み方も非常に重要な技能である。写真は「見る」ものから「読む」もの，つまり，いかに「読写」するかである。写真を撮る側から言えば，「見せる」写真から「語らしめる」写真の観点に留意することである。そのためにもありのままの姿(景観)の意味をよく吟味し解釈することである。また，写真も一種の記号の集合体でもある。意図的に取られた断片としての写真から如何に情報を読みとるかである。さらに「写真の力」の把握と「写真を読む力」を培い身につけるかである。多様な視点から読み方は多様である。改めて景観の要素と要素間の関係を分析することなどを通じ，自作写真を読むことにより，思わぬ再発見・再認識する場合もよくあるのである。

**シャッターチャンスを活かした事例**（1998年8月）
ミャンマーのバガンからシャン高原に向かう途次すれ違ったチーク材を運搬するトラック。偶然運良くバスの車窓から撮ることができた。テーマや主体を中心(一点を強調)にして周囲の景観も入れて撮る事例でもある。

## 4　地理写真と地理教育の関係

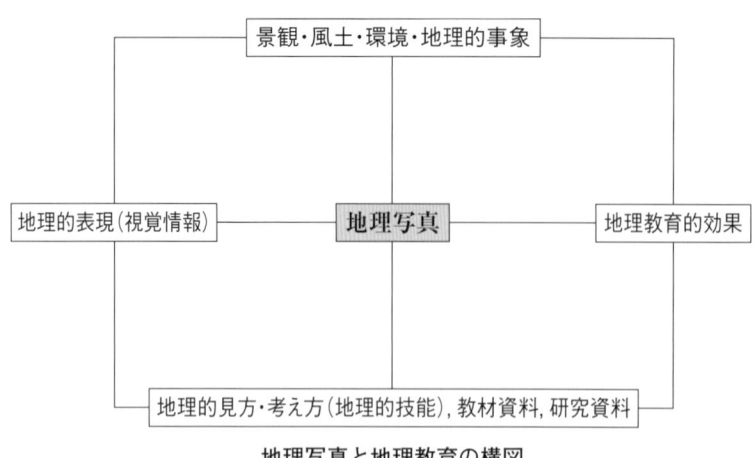

地理写真と地理教育の構図

　図に掲げたように，地理写真と地理教育の構図は，①景観・風土・環境・地理的事象，②地理的表現（視覚情報），③地理的見方・考え方（地理的技能），教材資料，研究資料，④地理教育的効果の4つの観点から捉えられる。

　地理写真と景観・風土などとの関係では，撮る視点と読む視点の両面から見る必要がある。撮る側の意図・視点などによって多様なメッセージを地理写真に取り込むことができる。写された写真には自然や生活環境の歴史と現在の断片が凝縮し織り込まれている。この観点を常に重視したい。景観や風景，風土を日常的に視る視点を深める観察眼が非常に大切である。このような観点で写真を読む技能を培うことである。

　一方，読む側において，自由に判読できるが，判読する側の関心，問題意識，知識，経験，感受性，想像力などの差異で，様々な受けとめ方をされることが少なくない。

　多くの地理的表現と資料の中の一つである地理写真の大きな特色は，言うまでもなく視覚的情報である。視覚的情報の資料として，地理教育的側面での影響（効果）を推測すると，まず，臨場感がもたらす基本的な意義を有している。それ故，学習者の興味・関心，学習意欲，具体性，理解と納得，学習内容の定着など，広範囲に及ぶ。

　地理写真の使用目的や方法との関係では，①地理的技能の育成の側面，②教材資料の側面，③研究資料の側面の3点がある。教材資料としては，景観，地誌的内容，地理的事象や系統地理的内容，テーマ的内容に大きく分けることができる。

## 5　地理写真と写真地理

　地理写真と写真地理について若干であるが考えてみたい。地理写真は既述したように地理的な視点で撮影され活用される写真である。

　それでは写真地理とは何を意味するのであろうか。簡潔にまとめると，「地理的な写真を通じて広く地理教育全般に係わり一貫性を持ち，単に地理的技能の育成や，活用の方法などの補助的な手段ではなく，地理教育において多くの分野で地理写真の特質を活かしたものである。そして地理授業における興味・関心を引き出し，かつ内容理解をより深めるなどの効果を高める手段・目的の両面において体系的に活用されることでもある」と，一応定義しておきたい。

　言うまでもないが，地理教育における写真の活用に長所と限界はある。それ故，野外の観察や調査の実施，地図や統計などの資料活用は必要であり重要である。

# 2 シャッターチャンスを活かす
―― 車窓・機上からの景観を捉える ――

　目的地において景観や地理的事象などよく観察してカメラに納めることが基本的で大切である。また，シャッターチャンスはいつでもどこでもある。その場合やはりいかに偶然のシャッターチャンスをとらえることができるかが問題である。そのためには常に偶然に対する構えが大切になる。ねらい，反応力，問題意識，予備知識，推測などが偶然を活かすための条件であると言えよう。やはりカメラアイと一瞬の反応力が重要となる。そのトレーニングは，現地に移動するまた現地での車窓から見る景観に注意をはらい素早く反応することである。車内では自由に移動できない場合が多くあり，また，反対側に反応するのは容易ではないなど，車窓や機上からの写真撮影には大きな制約がある。また，偶然のチャンスが必要であるが制約は大きく，同時に限界があるのは言うまでもない。しかし，車窓からの景観を有効に活用したい。

## 1　列車の車窓から

**1　胆沢扇状地（岩手県）の散村**（1968年8月）
東北本線から遠望した国内最大級の胆沢扇状地の扇端地域に水田が広がる散村。

**2　長良川の決壊（水害）**（1976年9月15日）
1976年9月12日の決壊3日後，名古屋から京都に向かう新幹線の車窓から。長良川決壊の現場周辺（岐阜県安八町）である。甚大な水害はその後，水害訴訟に発展した。

**3　岐阜県各務原市の羽場**（2011年3月）
愛知県の犬山から岐阜に向かう列車の車窓から。段丘などの崖をこの地域では羽場と呼ばれる。各務原台地東端部に見られる。

**4 JR篠ノ井線姨捨駅近辺(長野県)の景観** (2010年10月)
JR篠ノ井線姨捨駅近くより撮影。冠着山(姨捨山1252m)の北麓斜面の姨捨の集落周辺は,「田毎の月」で知られる棚田が,地滑り地帯の斜面に広がる。

**5 四国・吉野川流域の中央構造線地帯** (2007年6月)
JR徳島線は徳島駅から阿波池田駅まで吉野川にほぼ沿って東から西に走る。この沿線は中央構造線地帯と並走する。

**6 寝覚の床(長野県)** (2010年10月)
JR中央本線木曽福島駅付近で木曽谷を撮影。寝覚の床は木曽川の急流が花崗岩を侵食してできた地形。木曽川ダム(1968年)により川の水位がさがったため現在の水面上にあらわれた。

**7 ラップランドの景観** (1999年7月)
ノルウェーのナルビクからルレオに向かうヨーロッパ最北のオフォト鉄道より撮影。スカンジナビア山間部の湖沼が広がる景観。ラップランドはヨーロッパ東北部,スカンジナビア半島北部地域で多くは北極圏域である。

**8 ニュージーランド南島の東北海岸地帯の羊放牧**
南島のクライストチャーチ駅からクック海峡に面する終点のピクトン駅まで347km乗車。東海岸沿いは西海岸に比べ降水量は少なく羊の放牧が中心である。(2003年8月)

**9 フィンランド中南部の針葉樹林帯** (1997年8月)
森と湖沼の国の自然景観が広がるフィンランドを列車で,中部のロバニエミから南部の首都ヘルシンキに向かった。広大な森林地帯が続く。

## 2　バスの車窓から

**10　静岡県久能山南麓の石垣イチゴ地帯**（2003年4月）
南麓斜面にはハウスイチゴ栽培が盛んで，遠州灘沿いの道路は，「いちご海岸通り」と呼ばれている。この地域の石垣イチゴの栽培は古く，現在はイチゴ狩りの観光農業が発達している。

**11　伊勢茶の栽培（三重県鈴鹿山地東麓）**（2008年5月）
伊勢茶で知られる三重県の茶生産量は，静岡県，鹿児島県に次ぐ全国3位である。この地域一帯が主産地で，周辺には製茶工場も多く立地している。

**12　ナイアガラエスカープメント付近の果樹栽培（カナダ）**
オンタリオ湖西岸のハミルトンからナイアガラフォールズまでは，カナダの果樹栽培地域の中心地域となっている。写真はナイアガラの崖南側に面したブドウ園。(1995年8月)

**13　荒廃するサトウキビ畑（ハワイ島）**（1997年7月）
ハワイ島のサトウキビ栽培は，日本人移民も多く従事してきた。現在，国際競争などでサトウキビ生産はほぼ消滅している。東北海岸一帯は荒廃したサトウキビ畑が目立つ。

**14　ソウルの光化門と国立中央博物館**（1990年8月）
韓国故宮を代表する景福宮の正門。2010年8月に修復されたがそれ以前の光化門。背面の国立中央博物館は元朝鮮総督府で独立後の1972年まで韓国政府が使用，それ以降，1995年まで国立中央博物館，1997年に解体。

15 モロッコのアトラス山脈南側のワジ（2011年3月）
アフリカ北部のアトラス山脈の南側はサハラ砂漠の北縁にあり，乾燥地帯が広がりワジ（涸れ川）が多く見られる。

16 スマトラ北西部のアブラヤシ園（インドネシア）
メダン周辺は大規模なアブラヤシ園が道路沿いに続く。
（2008年8月）

17 アブラヤシの実を運ぶ（スマトラ島メダン）
周辺のプランテーションから収穫されたアブラヤシの実をメダンの加工工場に運ぶ。（2008年8月）

18 中国雲南省の白（ペー）族の集落と棚田
雲南省は山地が多く平地が少ない地形である。斜面地には棚田が多く集落も立地している。（2000年8月）

19 ニュージーランド南島の自然景観（2003年8月）
サザンアルプス，プカキ湖，雲。このような光景はニュージーランドの国名の由来でもあり自然を表している。マオリ語でアオテアロア「白く長い雲のたなびく地」を意味する。

20 ポルダーを走る自転車（オランダのアムステルダム近郊）
ポルダーと低地が広がる国土のオランダは，地球温暖化の環境問題に対する意識が高まり，職住接近の生活，スローライフなどで，通勤利用やサイクリングを楽しむ人々が多い。
（2005年8月）

21 香港のコンテナターミナル（2006年8月）
シンガポールなどとともに世界の海上輸送の基地として，港湾機能は整備され拡大してきた。

22 北京の中心部（2010年3月）
都心を走る高速道路から見る近代的なビルが建ち並ぶ都市景観。

23 サハラ砂漠の防砂垣（モロッコ）（2010年3月）
広大な砂漠には風による飛砂を防ぐため防砂垣が見られる。

24 ハミルトンの製鉄工場（カナダ・オンタリオ湖北西岸）（1995年8月）
トロントからナイアガラに向かう途中に巨大な製鉄工場が立地している。

## 3 機上から

**25 鹿島臨海工業地帯と掘込み港湾**（2007年9月）
1963年に工業整備特別地域に指定されて以来、鹿島灘に面する単調な離水海岸が続き、寒村であったこの地域に掘込港湾が建設され、臨海工業地帯へと大きく変貌した。

**26 濃尾平野の木曽三川**（2010年3月）
中部国際空港から北京へ向かって離陸後間もなくして撮影。濃尾平野の木曽三川周辺の様子がわかる。（上）木曽川（中）長良川（下）揖斐川、長良川河口堰（右下）が見える。

**27 カナダ中央平原の土地割り**（1995年7月）
カナディアン・ロッキーの東部から広がる中央大平原には方形の土地割りや短冊型に分割され農用地が幾つか見られた。この土地割りの起源はタウンシップ制と思われる。

**28 セントローレンス川岸地域の農村の地割り**
カナダのケベックシティからトロントへ向かう途中、ケベック州のセントローレンス川沿いに短冊型の土地割りが見られた。ニューフランスにおける入植初期に開拓された本国からの荘園土地制度である。（1995年8月）

**29 アムステルダム付近のポルダー（オランダ）**（2005年8月）
スキポール空港着陸近くの首都アムステルダム周辺のポルダーの景観。整然とした細長い土地割の農地と集落。ポルダーはオランダの干拓地を意味する。低地の多いオランダは、治水と干拓の長い苦悩の歴史を有している。

**30　ダイヤモンドヘッドとホノルル市街（ハワイ・オアフ島）**
オアフ島東南部には回春期の小火山が30余りもあり，ダイヤモンドヘッドもその一つ。噴火により形成され，ワイキキビーチとともにハワイを代表する景観。
（1997年7月）

**31　オーストラリア内陸部の乾燥地形・ワジ**（1992年12月）
オーストラリア中央部のアリススプリングズからウルル山（エアーズロック）に向け，フライト中の眼下にはこのような乾燥した赤茶けた大地が果てしなく広がる。その中にはワジ（涸れ川）が見られる。

**32　オーストラリア内陸部の乾燥地形・塩地**（1992年12月）

**33　アラビア半島北西部のセンターピボット**（2011年3月）
乾燥地域における灌漑農場。サウジアラビア北西部のヨルダン国境付近ではセンターピボットが多い。地下水脈に依存する灌漑農法は，水資源の枯渇と塩害の問題があり，有限な水の使用と持続可能な農業が大きな課題。

**34　ツンドラの景観**（1999年7月）
シベリア西部のツンドラ地帯。河川は蛇行し湿原地帯には湖沼群が見られる。

**35　ミャンマーのドライゾーン（バガン地域の景観）**（1998年8月）
南部のヤンゴン周辺（下ミャンマー）は，熱帯の湿潤気候だが，中央部の古都バガン周辺（上ミャンマー）は，対照的にドライゾーンの景観。エヤワディ川の左岸に世界遺産の仏教遺跡群。都市周辺と遺跡群地域には植生は少ない。

# 3 スキルとしての地理写真
―――写真を読む（読写力）―――

## 1　1枚の写真（単写真）から景観を読む

　地理写真，景観写真は単写真からの読みとり（読写）が基本である。よく全体を捉え，特徴的な要素とさらに要素との関連など景観の構造を分析することが大切である。また，テーマ的に強調したい写真は内容をよく絞ってみるとよい。ここに提示した写真1～7は，タイトルを付けず読写力を磨くことに力点を置いた。1枚1枚をていねいに読んで分析してほしい。

写真1

写真2

写真3

写真4

写真5

3 スキルとしての地理写真 13

写真6

写真7

〈写真1〜7の視点〉

写真1は，フェズ（モロッコ）。アフリカ北西部に位置するモロッコの最初の都・フェズのメジナ（旧市街地）である。イスラム都市で世界最大の迷宮都市として知られる。城壁，街区，イスラム教施設などに注目。（2011年3月）

写真2は，沖縄県南大東島。南大東島はシュガーアイランドと呼ばれ，1900年から開拓が始まり，サトウキビの大規模経営が行われている。周囲は隆起珊瑚礁の海岸である（p.17（2）—1の南大東島の海岸地形を参照）。耕地・家屋・樹木などに注目。（2000年6月）

写真3は，湖面の景観。ミャンマーのシャン高原に位置するインレー湖の農業景観。湖面の浮き畑と作業小屋に注目する。主にトマト，キュウリ，トウガラシなど水耕栽培し市場に出荷する。（1998年8月）

写真4は，森林と河川。一見シンプルな景観の読写も大切である。この写真はミャンマーの古都バガンからシャン高原に向かう途中，車窓から撮影した。（1998年8月）

写真5は，東京・JR御茶ノ水駅付近の都市景観。武蔵野台地を削ってJR中央線が走り，並行して神田用水（外堀）が流れる。地下鉄丸の内線が架橋を通過する。両側は切り取られた台地の崖である。地形環境と交通・用水との関係を考察したい。（2011年2月）

写真6は，旧名古屋城下の武家屋敷地区の町並み。東区白壁地区の歴史的町並み保存地区である。よく注意して見ると，通りに面した古い町並みの広い屋敷内の奥にマンションが見られる。保存しつつ開発している様子が読みとれる。（2006年7月）

写真7は，北欧の風土。景観要素が少ないが，よく読写すると内容やテーマが浮かんでこよう。美しい芝生での日光浴から，北欧の風土の一端を見る。高緯度地域の北欧は，冬は極めて日照時間が少ないので健康上，夏に海水浴ではなく日光浴する習慣がある。背後の建物はノルウェーの首都オスロの市庁舎である。首都の市庁舎の前の公園の芝生での光景。（1999年7月）

## 2　1枚の写真から大都市の新旧の景観を読む

　変貌の激しい大都市の景観から，新旧の景観を捉え，何が対比され強調されているのかを如何に読みとるかである。

1　東京佃島の下町と再開発の高層住宅群（2006年6月）

2　大阪城と大阪ビジネスパーク（2006年7月）

3　北京の伝統的町並み（胡同地区フートン）と高層ビル群（2010年3月）

4　中国大連の中山広場の歴史的建造物と高層ビル（2011年3月）
正面は旧日本建造物（横浜正金銀行大連支店）で，現在は中国銀行遼寧省分行営業部が使用し，その背面が超高層建築の新館である。

5　ソウルの崇礼門（南大門）と高層ビル群（1990年8月）

3　スキルとしての地理写真　15

# 3 地域の変貌を読む

(1) 阪神淡路大震災(1995年1月)と復興—神戸市長田区の鷹取商店街の被災と復興

1　1995年2月撮影

2　2011年2月撮影

(2) 武蔵野台地の新田地域—東京都小平市小川新田

1　1983年7月撮影

2　2011年2月撮影

(3) 東京新宿の変貌—新宿西駅近辺の浄水場跡地の開発

1　1970年7月—開発初期（東京都所蔵）

2　2011年2月撮影

## 4　2枚の写真から共通テーマを設定する

(1)から(3)の各2組みの写真を比較して，共通のテーマを設定してみる。

### (1) 生活環境の断面

1　ミャンマーのバカンの街角（1998年8月）　　　2　ミャンマーのインレー湖岸（1998年8月）

### (2) 離島，港湾の地形環境

1　沖縄県・南大東島の海岸地形（2000年6月）　　　2　東京都・青ヶ島の海岸地形（2001年8月）

### (3) 大都市都心部の河川環境

1　東京・日本橋川（2011年2月）　　　2　ソウル・清渓川（2009年8月）

## 5　対照的な生活環境を考える

### (1) ハワイ島——東海岸と西海岸

　太平洋のハワイ島は，4000m級（マウナケア山，マウナロア山）の高山がある火山島の洋島である。北東の貿易風の影響下にあり，地形と気候の影響を強く受け，東西の海岸地域の景観や暮らしのコントラストは大きい。ハワイ島の北東部海岸は，荒廃したサトウキビ畑が続き，南東部は熱帯雨林気候の植生が広がる。ヒロは「雨の都」といわれハワイ島の経済・行政の中心地で，1868（明治元）年153人の日本人が渡航し，ハワイ移民が始まった街である。歴史的建造物のある町並みも見られ，日系人を中心とした街が移民社会を形成している。

　北西からカイルア・コナにかけては乾燥地帯で植生も疎らである。近年，コナの美しい海岸地域は，オアフ島のワイキキビーチとともに，世界有数の海洋観光リゾート地として賑わっている。メインストリートであるアイリ街沿いにはレストラン，ホテル・土産店が多く並んでいる。

1　マウナケア山（4205m）（1997年7月）

2　サーストン熔岩トンネル入り口の熱帯雨林（同）

3　ハワイ島中心地ヒロの歴史的建造物（同）

4　荒廃するサトウキビ畑（同）

5　北西部の乾燥地帯（1997年8月）

6 カイルア・コナ海岸 (1997年8月)

7 カイルア・コナのメインストリートのアイリ街 (同)

### (2) モロッコ——アトラス山脈の北と南

　モロッコ王国は北アフリカ北西部に位置し，人口は3118万人(2008年)，面積は約45万km²(日本の約1.2倍)である。国土の海岸部の約4分の3は大西洋に面し，北東部は地中海に面し，ヨーロッパ大陸との最狭部は約14kmで，ジブラルタル海峡を挟んでスペインに接する。2000～4000m級の新期造山帯であるアトラス山脈(最高峰は標高4165m)が，国土の北東から南西を横断し，両側地域の気候と暮らしに大きな影響をもたらしている。

　アトラスの北側は多くは地中海性気候で，首都ラバト，大都市カサブランカ，古都フェズや，マラケシュなどの主なイスラム都市が立地し，地中海式農業地帯である。多くのアラブ人の生活地域である。南側はステップ・砂漠の乾燥気候で，ワジ(涸れ川)や地下水の周辺に，オアシス集落が点在している。山間からステップにかけては，ベルベル人が小規模な農牧業を営んでいる。

8 オリーブ園と雪を頂くアトラス山脈(マラケシュ) (2011年3月)

9 カサブランカ周辺の農業地域 (同)

10　アトラス山間部を行くベルベル人（2011年3月）

11　アトラス山間部の集落（同）

12　アトラス山間部の羊の放牧（同）

13　カスバ（要塞）の集落（同）

14　オアシス集落（同）

## 6 写真と地形図(地図)・案内説明板を併用する

　地形図(地図)などの地図類の併用は，地域理解が深まり，読図の効果も大きい。また，案内説明板の活用も有効である。

### (1) 岐阜県養老山麓の環境(小倉谷＝養老町の天井川，羽根谷＝海津市の砂防と扇状地扇端部の湧水地)

1　小倉谷の天井川 (2004年4月)　　　　2　扇端の湧水地 (同)

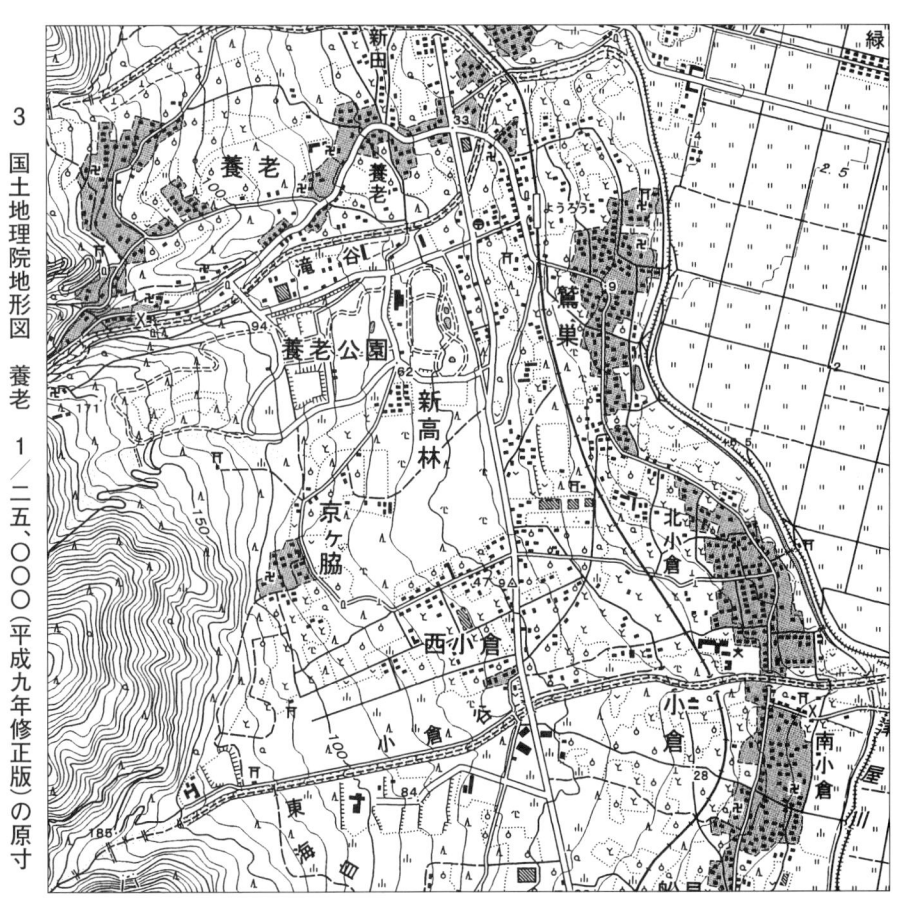

3　国土地理院地形図　養老　1/25,000 (平成九年修正版) の原寸

4 羽根谷の巨石積み堰堤　オランダの土木技師デ・レーケにより1888年に完成。幅52m，高さ12mと国内最大級の砂防堰堤である。
(2004年8月)

5 羽根谷の砂防堰堤（ダム）（1998年8月）

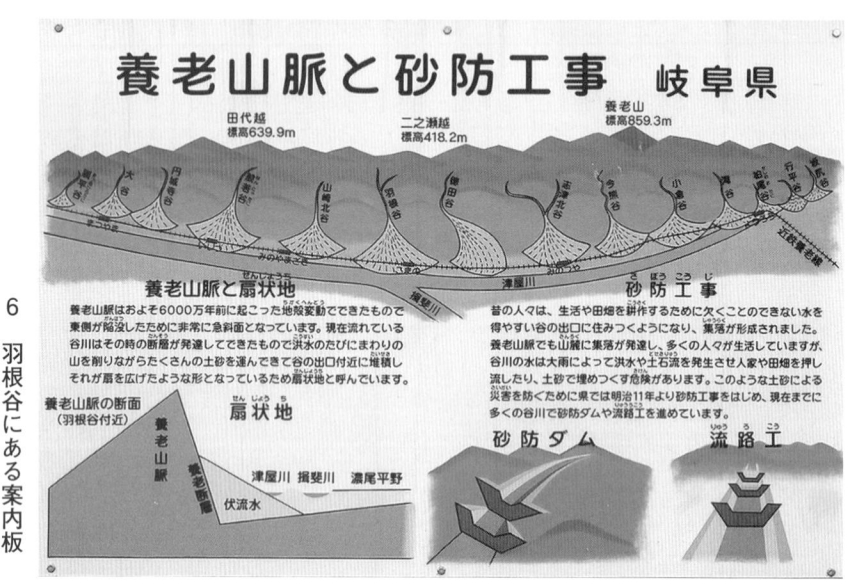

6 羽根谷にある案内板

## (2) 庄内川の下流域の治水（新川洗堰，庄内緑地公園〈遊水地〉，新川）

7 新川洗堰（2011年2月）

庄内川は尾張地方を貫流する唯一の河川である。源流地域は風化しやすい花崗岩が主である。古くから東濃（岐阜県東美濃）の窯業地帯をなしていたため、山林は製陶用の薪材として伐採された。その土砂で庄内川に中州が形成され、河床が上昇し、洪水の危険性が高まり、水害をもたらしてきた。洪水対策と湿地化防止のため、庄内川の分流を図り、庄内川の放水路として江戸時代中頃に開削されたのが新川であり、洗堰が設けられた。しかし、2000年9月の東海豪雨による新川の洪水で水害を引き起こした。

8 庄内緑地（名古屋市）
庄内川（左側）の堤防を低くして遊水地の役割を担う。（同）

9 新川（同）

10 新川と庄内川の合流地点（同）

11 国土地理院地形図　名古屋北部　1/二五，〇〇〇（平成二〇年測量更新版）を八三％に縮小

## (3) 鹿児島上甑島の海岸地形

鹿児島県上甑島の南東部の海岸に発達しているラグーン（潟湖）やトンボロ（陸繋砂州），陸繋島の地形である。同一地点から撮った。

12 ラグーンと砂州（2000年10月）

13 陸繋島とトンボロ（同）

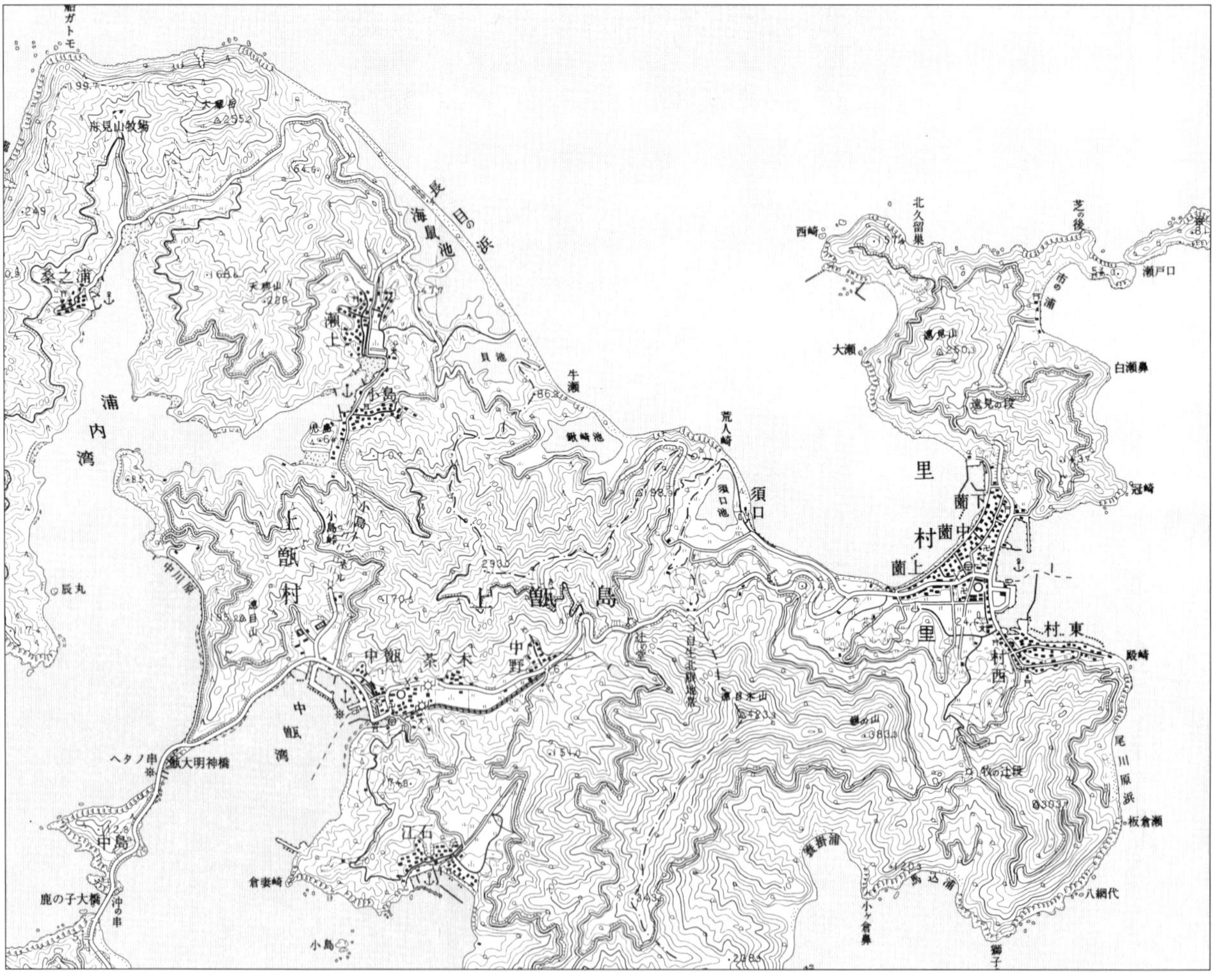

14 国土地理院地形図　中甑　1／50,000（平成14年修正版）の原寸

## (4) カナダ・カルガリーのスカイウェー

　カナダのカルガリーは，ロッキー山脈の東側の内陸部の大都市である。ビルとビルの間はスカイウェーと呼ばれる空中歩廊で繋がっている。中心部には冬季の寒さ対策でこのような設備が整っており，地上に出なくてもビルの間を移動できる。

15　カルガリーのスカイウェー（カナダ）（1995年8月）

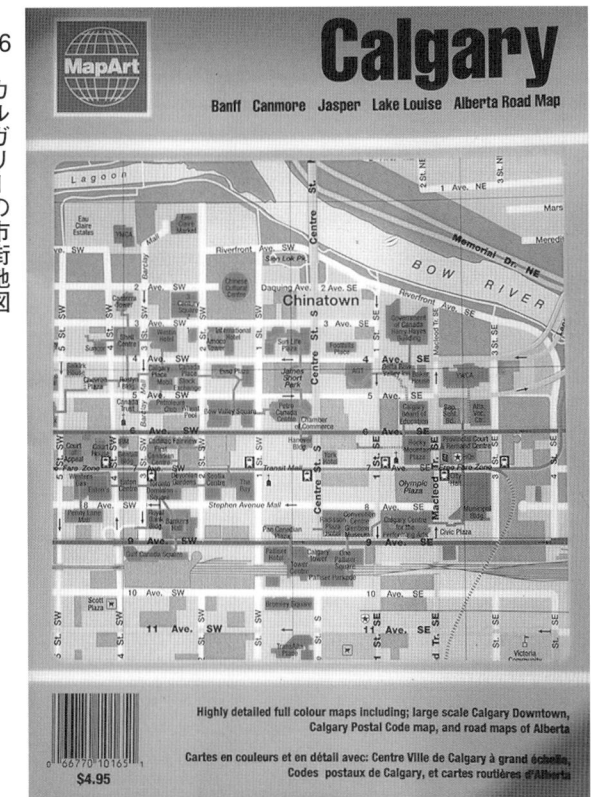

16　カルガリーの市街地図　空港で購入した市街地図の表紙にもスカイウェーが記載されている。（同）

## 7 暮らしを読む──組み写真の活用

組み写真の活用で,テーマに対して様々に表現でき,状況把握がより的確になる。

1 ミャンマーの古都バガン近郊の砂糖ヤシの林（1998年8月）
ドライゾーンのバガンから東部のシャン高原へ向かう途中,砂糖ヤシの林が点在している。

2 砂糖ヤシを採る（写真1と同一地）（同）

3 ヤシから砂糖づくり（写真1と同一地）（同）

4 砂糖の直売（写真1と同一地）（同）

## 8　文学作品の景観描写から地域性を想像する

次に掲げる文章は，三島由紀夫の名作『暁の寺』(豊饒の海第三巻・新潮社 1970年)の書き出し部分である。

　　バンコックは雨期だった。空気はいつも軽い雨滴を含んでいた。強い日ざしの中にも，しばしば，雨滴が舞っていた。しかし空のどこかには必ず青空が覗かれ，雲はともすると日のまわりに厚く，雲の外周の空は燦爛とかがやいていた。驟雨の来る前の深い予兆にみちた灰黒色は凄かった。その暗示を孕んだ黒は，いちめんの緑のところどころに椰子の木を点綴した低い町並を覆うた。
　　そもそもバンコックの名は，アユタヤ王朝時代，ここに橄欖樹が多かったところから，バーン(町)コーク(橄欖)と名付けられたのにはじまるが，古名は又，天使都(クルンテープ)と謂った。海抜2米(メートル)に満たない町の交通は，すべて運河にたよっている。運河と云っても，道を築くために土盛りをすれば，掘ったところがすなわち川になる。家を建てるために土盛りをすれば池ができる。そうしてできた池はおのずから川に通じ，かくていわゆる運河は四通八達して，すべてがあの水の母，ここの人たちの肌の色と等しく茶褐色に日に照り映えるメナム河に通じていた。……(略)……
　　――バンコックが東洋のヴェニスと呼ばれるのは，結構も規模も比較にならぬこの二つの都市の，外見上の対比に拠ったものではあるまい。それは一つには無数の運河による水上交通と，二つにはいずれも寺院の数が多いからである。バンコックの寺の数は七百あった。
　　　　　　　　　　　　　　　　(新潮文庫版による)

　この文章は，1941(昭和16)年当時のタイの首都バンコクの気候・土地・都市の姿が精緻に描写されている。激しく変容する現在と比較するには，格好の教材にもなろう。雨期・強い日ざし・驟雨・椰子・橄欖樹・バンコクの地名の由来・古名の天使の都(クルン・テープ)・海抜2米(m)・運河・土盛り・メナム河・東洋のヴェニス・水上交通・寺の数は七百などの語句を取り上げてみる。文学作品の描写から多くを読みとり，バンコクの都市景観(環境)に迫ってみた。
　このような優れた景観描写から土地のイメージを連想することは，地域理解を深めることになる。文学作品を地誌学習の導入に活用することも意義があるので，タイランド地誌(p.29～32)などで取り上げている。

1　トンブリ側に建つワットアルン(暁の寺)　(1991年8月)
チャオプラヤ川右岸，旧トンブリ王朝の地域にある。

2 運河沿いの町並み（1991年8月）

3 運河沿いの樹木（同）

4 スコールで街路は浸水（同）
バンコクはよくスコールにより道路は冠水し，交通渋滞がしばしば発生する。

5 王宮・エメラルド寺院（同）
バンコク最大の観光名所でもある。

6 チャオプラヤ川とバンコク旧市街（同）
旧トンブリ側の暁の寺より望む。

# 4 地誌と写真（世界編）
## ──地域を写す──

## 1　タイランド（首都バンコクと北部山岳地帯）──東南アジアの縮図

　北部山岳地帯，少数民族，国境地帯，焼き畑，王朝の変遷と都市遺跡，バンコク都市景観，チャオプラヤ川，東南アジアの縮図などをポイントにおいて，タイランドを捉えてみる。学生時代の京都大学人類学研究会（通称，近衛ロンド）の恩師・梅棹忠夫先生の『東南アジア紀行』，スペインの歴史学者コラール『アジアの旅』などの生態史観・文明史観，岩田慶治の『東南アジアの少数民族』などの書物に啓発された。タイランドの地誌を授業でよく取り上げてきた。

　タイの面積は約51万km²（日本の約1.4倍），人口は6648万人（日本の約0.5倍，2008年）。北タイの山岳地帯を源流として，ほぼ国土の中央部に北から南へ流れ，タイランド湾に注ぐチャオプラヤ川（全長約1200km）が流れる。流域面積は国土の約4分の1にあたる。国土は大きく北部，東北部，中央部，南部に区分できる。北部は山岳地帯とチャオプラヤ川上流の山間盆地地帯で，古くからの集約的農業地帯である。北部山岳地帯はヒマラヤ隆起帯の一部にあたる。盆地のなかに600～700年の歴史を有するいくつかの街や村がある。北の都と呼ばれるチェンマイはその代表例である。中央部はチャオプラヤ川の中・下流の大沖積平野で水田が広がる穀倉地帯。東北部は乾燥した平均海抜150mほどの低いコラート高原とも呼ばれる台地が広がり，痩せ地が多く農業生産は低い。南部はマレー半島の一部で，北東季節風と南東季節風の影響を強く受ける。

　チャオプラヤ川は東南アジアの大河のなかでは最も開発が進んでおり，水運，灌漑などに利用され，また，しばしば洪水をもたらし，流域の生活に密着した川である。タイの歴史において時代の核心域は常にこの流域にあった。首都バンコクは河口から約30km遡ったチャオプラヤの左岸の河港から発達した。現在，河口から約100kmの内陸部に位置し，国際的に隆盛を誇ったアユタヤ王朝も舟運に依存した港湾都市であった。タイの地理・歴史・暮らしにおいてチャオプラヤ川との係わりは大きく，「タイはチャオプラヤ川の賜」といえる。

　主要民族であるタイ族のルーツは，中国雲南省南部に位置する西双版納泰族自治区が中心である。タイの発達は北部から南部へ移動してきた。北部山岳地帯は，世界有数の少数民族地帯であり，カレン族，ミャオ族，アカ族，ヤオ族，メオ族ら9民族の人びとが暮らしている。彼らの主なルーツも中国南部である。ミャオ族の村では，近年，トレッキングや秘境ツアーとの接触が多くなり，土産物店も多く，観光化の波を受け伝統社会も変化している。ヤオ族の村も観光化しつつあるが伝統的村落景観を強く残し，背後の山肌には焼畑が広がる。森林破壊と焼畑との関係については，つまり商業的伐採と生態的に配慮された焼畑による森林伐採とは同じ観点で捉えきれるのか，山岳地帯の焼畑をみながら大きな疑問をもった。

　首都バンコクは，アユタヤ王朝滅亡後，チャオプラヤ川の西岸に成立したトンブリ王朝に変わり，ビルマ（現ミャンマー）の勢力拡大を懸念し，1782年にその東岸に成立した王朝が起源である。平

均海抜約2mである低湿地帯に市街地が広がる。バンコクはタイにおけるフロンティア地域で，土地改良・造成による豊饒の大地となった地域である。

バンコクは人口684万人(2007年)を有し全国の約1割を占めるプライメイトシティ(首位都市)である。20世紀初頭(1919年)人口53万人，1940年118万人，70年498万人。1919〜2007年の約90年間で人口は約13倍に激増した。東南アジアでは，ジャカルタに次ぐ人口を有する巨大都市である。バーツ経済圏の中核都市でシンガポールに次ぐ東南アジアの金融センターである。

バンコクの都市問題は多い。近年，交通渋滞や環境問題から，鉄道など公共交通機関の整備は急務であるが，改善も進行している。2006年に開港したスワンナブーム新国際空港へは，2010年，エアーポートレールリンクが開業し都心と結ばれている。また，市内の交通渋滞解消の切り札として高架鉄道BTS(バンコク・スカイトレイン)が1999年，さらに2004年には地下鉄がそれぞれ開業した。チャオプラヤ川にはチャオプラヤ・エクスプレス・ボートが運行され通勤などに利用されている。現在，バンコクの洪水問題は，自然環境よりもむしろバンコクの水路網の無秩序な潰廃と地下水の過剰な汲み上げによる地盤沈下などの要因が大きい。

都市再開発が急速に進展するバンコクの都市景観の変貌は大きいが，伝統的な都市景観も残存している。バンコク大都市圏と地方圏の地域格差は大きい。タイは東南アジアの縮図でもある。

1　バンコクの運河と新旧の都市景観（2009年3月）

2　チャオプラヤ川左岸のバンコクの旧市街地，左上は王宮（同）

3　ワットアルン（暁の寺）とチャオプラヤ川（同）

4 高架鉄道BTS（2009年3月）

5 バンコクの鉄道沿いのスラム地区（1991年8月）

6 チェンマイの城壁跡（同）

7 中央高原の道路沿いのチーク林（同）

8 スコタイ遺跡（同）

4　地誌と写真（世界編）　31

9 アユタヤ遺跡 (1991年8月)

10 メーサイ(タイ北部)とミャンマーとの国境 (同)

11 少数民族(アカ族)の集落(イーコーサムジュ)
　　背後は焼け畑(北部山岳地帯) (同)

12 少数民族(ヤオ族)の村(パードゥア)の土産店
　　(北部山岳地帯) (同)

## 2　イギリス──スコットランドとイングランドの風土

　スコットランドとイングランドの歴史地理的背景と自然環境を対比しつつ，イギリスを地誌的に取り上げてみた。

　国際大会のサッカー代表にイギリスの名はない。ラグビーも同じである。何故であろうか。通常，イギリスと呼んでいる国の正式名称は，グレートブリテンおよび北アイルランド連合王国であり，略称は連合王国（UK）。イギリス諸島本島であるグレートブリテン島は，さらに北西部のスコットランド，西部のウェールズ，中南部のイングランドの3つに大きく区分されている。イギリスの呼称は，イングランドから由来している。イギリスのこれらの地域は，それぞれ歴史地理的概念と政治的概念を有し，固有の地域性を形成してきた。イギリスはアングロサクソンの国だと言われるが，5世紀にすでにケルト人やローマ化されたケルト系の住民が多く居住していた。ヨーロッパの辺境であるこの地は，早くから異民族が交差していた。

　中世末，共通の言語も統治もなく内紛状態であった。イングランドの勢力拡大により，他の独立地域がその支配下となる。1707年にイングランドに合併されたスコットランドは，今日，経済的に後進地域におかれている。

　イギリスは北緯50度以北の高緯度の国である。イギリス諸島は，ヨーロッパ北西部に位置し，大陸からのびる大陸棚上にある。偏西風と北大西洋暖流の影響をうける典型的な西岸海洋性気候である。スコットランド北端からイングランド南端まで約1000km，東西の最も幅の広い地域は約500kmである。スコットランドでは，グレン（U字谷），ロッホ（細長い氷河湖），ファース（奥深い入り江，フィヨルド）などと呼ばれる多様な氷河地形が卓越し，また，ハイランドと呼ばれる高地が広がっている。ゲール語の語源の地形や地名も少なくはない。

　大ブリテン島は全般的に丘陵性の地形で平野は少ない。最高峰はスコットランドのベン・ネヴィスで標高1344mに過ぎない。耕地率25％，牧草と牧草地45％，森林10％，その他20％で農用地が約7割占める。自然環境の特色は国土の土地利用によく表れている。

　イギリスとくにイングランドの都市には──caster，──chester，──cesterの名のつく都市が散見される。これらはローマタウンの起源を有している。訪ねたロンドン，マンチェスター，チェスターもローマ軍が建設した要塞都市である。ローマ支配の時代にはローマタウンのシステムが形成されていた。

　イギリスは産業革命発祥の国である。その中心はクライド湾からフォース湾に至る幅80kmの地溝帯の中央低地が中心であった。このころ，運河開削による内陸水運が急速に整備され，その後，鉄道建設が伸展した。イングランド北部を中心とした炭田地域は，世界の工場化の起点となり，多くの資源立地型都市や港湾都市が誕生し急成長した。

　20世紀とくに第二次世界大戦後，エネルギー革命と産業構造の変革，技術革新，海外情勢などにより，産業や都市は大きく変動し，イギリス経済は活気を失う。しかし，1960年代に開発された北海油田と天然ガスは，イギリス経済に大きな恵みをもたらした。近年，政府はハイテク産業を中心に産業の高度化を推進し，グラスゴーからエディンバラにかけて，産業革命期に栄えたスコットランド中央低地に，新たにシリコングレンと呼ばれるハイテク産業地帯を形成している。

　イギリスはEC（現EU）に加盟（1973年）して以来，ヨーロッパ大陸との関係を強め，1994年には直通特急ユーロスターがドーバー海峡をくぐり，パリとブリュッセルへ運行が開始された。海洋国

家から大陸国家への性格を高めている。
　都市政策の動向に，古い歴史的都市や大都市の都市再生対策がある。インナーシティの再開発，都市産業構造の変革，都市固有の歴史的文化的な環境の保護・保全などがある。新都心空間の創出のロンドン・ドックランズ再開発，グラスゴーの文化都市，チェスターの歴史的景観の保全・修復がその代表例である。

1　グラスゴーのスコットランド銀行（1994年8月）

2　北海漁業の基地アバディーン（同）
北海油田の開発後，漁業の基地であるアバディーンは，ヨーロッパの石油都市と呼ばれるようになった。しかし近年，採掘量は減少している。

3　ロンドンの金融地区シティ（同）
シティはロンドンの歴史的核心地域である。

4　カレドニア運河（同）
全長97kmのカレドニア運河は，スコットランドの大西洋側と北海のモレー湾を結ぶ。構造谷を利用し湖水を結ぶ。産業革命期から19世紀末期までは主要な交通路であった。その後，工業の中心は南に移動し，交通機関の変化などにより役割は縮小していく。

5　スコットランドのスコッチウィスキー蒸留所（同）
15世紀以来の歴史をもつスコッチウィスキー蒸留所は，スペイ川沿いに多くが集中し，ウィスキー街道と呼ばれる。原料と蒸留の気候環境が影響される風土産業である。

6 観光客で賑わうエディンバラ城―スコットランドの古都（1994年8月）

7 スコットランド北部のU字谷（同）
スコットランド地域は，多くの氷河地形の痕跡がある。

8 リバプールのウォーターフロント（同）
産業革命期にはイギリスの代表的で世界有数の港湾であった。

9 内陸水路―マンチェスター運河（手前）と
ブリッジウォーター運河（架橋）（同）
とくに産業革命期に大きな役割を果たした。

10 チェスター　中世の歴史的都市の再生（同）
ドイツのローテンブルクなどとともに中世の景観がよく現在に生きている。

4　地誌と写真（世界編）　35

**11 ロンドンの街角**（1994年8月）
インド系の人々。ロンドンは世界的な多民族都市である。

**12 ロンドンのグリーンベルト**（同）
ロンドン市街地のスプロール化を防ぐため、ニュータウンを建設し、その間にグリーンベルトのリンクを設けている。

**13 ドックランズの再開発**（同）
ロンドンのインナーシティ問題を対処するため、ドックランズ地区の再開発を実施し、ビジネスセンター、都心型住宅、商業施設など都市空間の創出を図っている。

**14 農村景観**（同）
イングランド中央部は平坦部が広がり、穀倉地帯になっている。小麦の刈り取りをしている。

**15 ローマ遺跡—ハドリアンウォール**（同）
ローマ軍は北方の部族に対する防御のため、今のイングランドとスコットランドの境界あたりに東西に城壁を築いた。

## 3　韓国──ソウル・釜山(プサン)・水原(スウォン)・慶州(キョンジュ)・南西部海岸地域・済州島(チェジュ)の景観

　ダイナミックな韓国の地誌の地域的ポイントとして，首都・ソウルと広域市・釜山(プサン)の国土軸の景観，慶州(キョンジュ)や済州島(チェジュ)の歴史・観光リゾート地，首都の衛星都市で歴史的都市の水原(スウォン)，さらに木浦(モッポ)などの南部海岸地域を取り上げ，韓国地誌の素描の一端としたい。

　国土が狭く南北に分断された韓国を捉える場合，地理的には半島国家として捉えるよりむしろ海洋国家としての観点が必要であろう。韓国は人口約4861万人(2008年，日本の40％)，面積約10万km²(日本の26％)である。行政区域は特別市(ソウル特別市)，6つの広域市(釜山(プサン)広域市，大邱(テグ)広域市，仁川(インチョン)広域市，光州(クヮンジュ)広域市，太田(テジョン)広域市，蔚山(ウルサン)広域市)，8つの道(京畿道(キョンギ)，江原道(カンウォン)，忠清北道(チュンチョン)，忠清南道，全羅北道(チョルラ)，全羅南道，慶尚北道(キョンサン)，慶尚南道)と特別自治道(済州特別自治道)である。

　自然環境として，日本は環太平洋造山帯に対し，朝鮮半島はユーラシア大陸東縁で，日本と異なる地形・地質である。気候は冬季，大陸性気候の影響が大きい。韓国の産業構造と輸出輸入の構成は，近年，大きく変化し日本と類似点が多い。今日，産業・貿易においては，日本とライバル的な関係である。

　朝鮮半島のほぼ中央部に位置するソウルは，漢城，漢陽，京城と称され，都として古い歴史をもつ都市である。1394年に李王朝の都として開かれ，1910年，日韓併合まで516年間李王朝の国都であった。李王朝を開いた李太宗が古代中国の都城制によるプランを実施した。漢江(ハンガン)以北の都城のまわりは200～300mの山や丘陵に囲まれ，山嶺に沿って城壁が築かれた。城内と城外を結ぶ出入口には南大門などの4大門ほか4小門が置かれ，高さ9m，周囲約17kmの城壁で囲まれた囲郭都市である。1910年以降，日本の植民地支配の拠点となり都市改造が進み，市街地が拡大し，丘陵部以外の城壁は取り壊された。

　1948年の独立当初30万人以下のソウルの人口は，2009年現在では1046万人と激増し全国の21％を占める。首都圏の人口・産業・経済のソウルへの一極集中が進んでいる。漢江南岸地域は，オリンピック(1988年)開催にともない，1980年代から住宅開発や道路・交通網・産業基盤の整備など都市機能が拡大した。住宅事情の改善から高層住宅団地が相次いで建設された。ソウルの市街地は漢江の北部の旧市街地から新興の江南地域さらには郊外に拡大した。

　人口約357万人(2009年)の釜山(プサン)は，韓国東南部に位置しソウルに次ぐ大都市で世界的な港湾都市(世界第5位のコンテナ港湾，2008年)として著しく発展を遂げている。九州とは約200km，対馬とは約50kmの近距離にあり，日本に最も近い海外の都市である。近代の釜山の都市形成は，日本帝国の植民地港湾の建設から始まった。

　ソウルの南方約35kmに位置する水原(スウォン)市は，京畿道の道庁所在地でソウル特別首都圏の人口約107万人(2010年)の中核都市である。ソウルの都市圏拡大とともに衛星都市化も進行している。中心市街地のなかにある城郭都市が都市の基盤となっている。李王朝の正祖が離宮として1796年に築造した。周囲約5kmの城壁で囲まれて華城とも呼ばれ，当時は華城に首都移転の動きもあった。水原華城は世界遺産に登録されている。

　新羅千年の古都・慶州(キョンジュ)は，古墳公園，仏国寺，古い町並みなど地域全体が屋根のない歴史ミュージアムとして，国際的に名高い観光地である。中央政府は，済州島の中文観光団地とともに，慶州中心部から東側の普門湖周辺を国際レベルの総合観光団地として，1971年に普門観光団地開発計画を策定し，観光・リゾート開発に向け始動し，1994年には観光特区に指定した。

木浦は韓国南西部にあり前面は黄海を望み，多島海の木浦湾岸に旧市街地がある。背後地は米の穀倉地帯の湖南平野が広がり，現在，ソウルから直通のKTX（韓国高速鉄道）湖南線の終着地である。水陸交通の要所で水陸物資の集散地である。古くは中国大陸と日本を結ぶ中継点であり，東アジア海上交易の歴史がある。日本統治時代は大陸の連絡港として多くの日本人が居住し，旧市街地には現在も日本式住宅が残っている。港周辺は戦後の埋立て造成で市街地が拡大している。植民地時代，湖南平野の米の多くは木浦港から日本に移送された。植民地時代，朝鮮半島有数の都市であったが，1970年以降停滞している。

　宝城は南海岸のほぼ中央部にあり古くからの茶産地である。1939年に茶についての学術調査が行われ，地形・気候が茶の生産地として適格であることが判明し，この地域に商業的茶栽培が始まった。その後，日本の敗戦，朝鮮戦争で消滅したが，1957年に大韓茶園が設立され，地域住民の地域経済活性化と緑茶産業育成の中枢の役割を担っている。大韓茶園の宝城茶園があり，国内唯一の緑茶観光農園（1994年観光農園認可）となり，大規模で美しい茶園の景観は，ドラマ「夏の香り」のロケ地にもなり，全国的に知られ観光スポットになっている。

　「東洋のハワイ」と呼ばれる火山島の済州島は，本土とは異なる自然環境と暮らしがある。本土から南約90km離れた韓国最大の島で南北41km，東西73km，周囲約290kmの楕円形である。島の中央部には韓国最高峰の漢拏山（標高1950m）が聳え，気候，暮らしに大きな影響をあたえている。朝鮮半島の別称「三千里」は，北の白頭山からこの漢拏山までの距離をいう。2007年には世界自然遺産に登録されている。島の産業は観光と水産業が中心である。観光開発は1960年代から始まり，1969年に済州，釜山，大阪を結ぶ国際航空路線が開設に進み，島全体がリゾートアイランドとして韓国最大規模のリゾート地になっている。1960年代に入って急成長を遂げたミカン栽培と観光業の発展は島の生活を大きく変えた。現在，ミカン栽培は不振である。また，済州島は海女の島でもあり，島の東北部の海岸に済州海女博物館が2006年に開館された。

1　首都ソウルの中心部（2011年3月）　ソウルタワーより

2 ソウルの光化門(修復された景福宮の正門)(2011年3月)

3 ソウル北村地区 (2009年8月) 景福宮の東側に位置し，宮廷に仕えた高官(両班)の屋敷が集まる地区であった。現在，修復された韓屋保存地区の町並み。

4 ソウル・漢江(ハンガン)岸の高層住宅群 (2011年3月) 汝矣島(ヨイド)の大韓生命63ビルディングより

5 釜山(ブサン)港 (2007年3月)
東アジアのハブ港湾として躍進を続けている。現在，大規模な新港の建設が進んでいる。

6 釜山チャガルチ市場(同)
釜山は国内最大の水産都市でもある。

4　地誌と写真（世界編）　39

7　城壁都市水原(スウォン)（2007年3月）

8　古都慶州(キョンジュ)の古墳公園（同）

9　慶州の普門観光団地（同）

10 宝城(ポソン)の茶園（2009年8月）

11 済州(チェジュ)海女博物館（2008年8月）
海女漁業文化博物館の殿堂で，世界無形文化財として国際的にも注目されている。済州島は日本の海女漁業と深いつながりがある。

12 済州島のミカン栽培（2008年3月）
済州島はリゾート・海女・ミカンの島といわれる。温暖な島の南部ではミカンの栽培が盛んであったが，近年はあまり振るわない。

13 木浦(モッポ)市街（2009年8月）

## 4　カナダ──多様な都市景観

　北アメリカのカナダの国土面積(999万km²)は広大(日本約27倍)であるが，気候は全体的に厳しくほとんどの都市は，アメリカ合衆国の国境近くに分布している。人口は約3333万人(日本約4分の1，2008年)，人口密度は約3人／km²(日本は338人／km²)。日本とは対照的である。歴史が浅く大自然のイメージで理解されがちであるが，都市景観は歴史的背景や自然環境により実に多彩である。

### バンクーバー──環太平洋地域への拠点の大港湾都市

　フレーザー川の河口付近に立地し，陸海交通との接点である。19世紀末期，大陸横断鉄道の西の起点として都市の形成が進展した。木材，鉱物資源，小麦などの積み出し港である。かつては移民，今日では貿易・経済などで日本との係わりが強い。市制100周年の1986年に万国博覧会が開催され，その跡地にウォーターフロントが開発され，その都市空間にはカナダプレースがある。街にはアジア系移民も多く国際港湾都市として躍動する。人口は58万人(都市圏人口は約211万都市，2006年)。

1　バンクーバー発祥地・ガスタウン (1995年8月)

2　カナダプレース (同)

### バンフ──カナダ最初の国立公園で世界的な山岳リゾート観光都市

　標高1384mのバンフは，カナダでは最初(1885年)，世界では第三番目の国立公園である。1883年，カナダ横断鉄道建設の工夫により偶然に鉱泉が発見されたことが都市形成の発端。鉄道開通とともにホテルなどが建設され，その後，カナディアン・ロッキーの世界的な山岳リゾート都市として発展する。北のジャスパー国立公園へ通じる山岳ハイウェーは，アイスフィールド・ロードと呼ばれ，その変化のある氷河地形，森林，河川など多彩で壮大な自然景観に観光客は魅了される。

3　ロッキーの山並みが迫るバンフの中心街 (同)

## カルガリー──オイルマネーで急成長の プレーリーの大都市

アルバータ州の南部に位置する人口約99万人(2006年)である。ロッキーの山並みを西に遠望し、ボウ側とエルボウ川の合流地に立地する。カナダ・プレーリー地域の都市形成は、ほとんどが19世紀後半で、1880年代のカナダ横断鉄道が大きな契機である。カルガリーは鉄道開通以前に北西騎馬警察の駐屯地となり、街の形成が始まる。その後、大牧畜地帯の中心都市となり発展する。20世紀後半以降は、石油都市として同州の州都エドモントンとともに急成長を遂げた。ダウンタウンには石油関連会社の高層ビルも林立し、多くはスカイウェーで連結されている。カナダ・ロッキー観光の玄関口でもある。

4 カルガリーのダウンタウン(同)

## トロント──コスモポリタンでカナダ最大の都市

オンタリオ州の州都でオンタリオ湖北西岸に位置し、オンタリオ湖の対岸はアメリカに接する。国内・国際航空路の要衝である。トロントの名は先住民の言葉で「人の集まる所」を意味している。現在、70以上の民族からなるエスニック社会を形成している。1980年代には都市圏人口が急増し、モントリオールを抜いて国内最大になり、現在は250万人(都市圏人口511万人、2006年)である。都心の高層ビルのスカイラインは偉容を誇り、一段と都市中枢機能が充実する。都心の再開発で立体的な巨大ショッピングセンターが1970年代に完成し、地下街もよく発達している。ウォーターフロントは世界有数のアメニティも兼ねた新しい都市空間を形成している。

5 都心部の高層ビル群(同)
右下に中央駅が見える。CNタワーより

6 イートンセンター(同)
経済都市トロントの都心再開発により立地した。

## キングストン——水運の要所と要塞の古都

オンタリオ湖東北端でセントローレンス川が流れ出す地点に位置し，リドー運河の水路でオタワに結合する人口約12万人（2006年）の都市。アッパーカナダ（現オンタリオ州）とロワーカナダ（現ケベック州）の中間地で，1841年から1844年までは連合カナダ植民地最初の首都であった。アメリカの脅威に対し最前線として強固な砦が建造された。湖畔沿いの通りには市庁舎をはじめ歴史的建造物が建ち並んでいる。

7　フォートヘンリーから旧市街地を見る（1995年8月）

## オタワ——イギリス系とフランス系が融合する首都

　セントローレンス川の支流オタワ川とリドー川が合流する地に立地する。1858年，イギリス系とフランス系の居住地域に接するオンタリオ州の東端とケベック州の境界地域に，遷都された計画都市（統一カナダの最初の都市）で，当時の人口は約2万人である。地名は「交易」を意味する。

　リドー運河は1814年に開通し，首都オタワとオンタリオ湖畔のキングストンを結ぶ運河である。1959年のセントローレンス水路の完成までは五大湖の重要な水路であった。アメリカ合衆国の脅威から国境より遠い地に建設。2007年に世界文化遺産に登録。1826年オンタリオ湖とオタワ川を結ぶリドー運河開削の資材集積所としてバイタウン（バイはリドー運河の測量の担当者）の名で建設されたのが都市の起源である。当時オタワは「世界の木材首都」といわれた。1900年の大火後，緊密で理想的な近代的都市計画が実施された。

　人口81万人のオタワは，周辺都市とケベック州のガティノーの都市を含めて人口約150万人（2006年）の首都圏を形成している。その都市圏人口は，トロント，モントリオール，バンクーバーに次ぐカナダ第4の都市である。

8　パーラメントヒル（同）
丘に連邦政府の議事堂があるために呼ばれた。

9　リドー運河（同）
オタワ川の対岸はケベック州の都市ガティノー（旧ハル）。

## モントリオール——バイリンガルで北米のパリ

　セントローレンス川の川中島に位置し，川沿いの港を基盤に発達したカナダの港湾都市である。1642年にフランス人の入植により集落が形成され，都市の起源となる。その後，毛皮取引により活気づき賑わう。1850年代には早くもカナダの金融・商業の中心都市に成長する。都心地域の再開発やパリの香りが漂う旧市街の修復により，見事な新旧の都市景観のコントラストを呈している。アンダーグランドシティとも言われ，冬の雪対策でもある巨大な地下街が延びている。旧港のウォーターフロントが再生されている。しかし，フランス語圏のケベック州からオンタリオ州のトロントへ経済の中枢機能が相次いで移転し，経済活動は停滞気味である。人口は162万人（都市圏人口は363万人，2006年）である。

**10　モントリオールの中心市街地**（同）
左上方向にセントローレンス川がある。

**11　旧港からモントリオールの旧市街の景観**（同）
中央はジャック・カルチエ広場，後方に市庁舎が見える。

## ケベックシティ——フランス風の古い港町で城壁の街

　ケベック州の州都であるケベックシティは，セントローレンス川の河口近くに位置し，北アメリカにおけるヌーベル・フランスの中核都市である。アメリカ軍に対する防衛のため，18世紀中期から19世紀にかけて丘の上に約4.3kmの城壁が建設された。旧市街には中世ヨーロッパの面影が残る。川岸沿いには修復された入植初期の市街，城壁に囲まれた旧市街，さらに新市街と3つの異なる都市景観を呈する。ほぼフランス系一色で人々は伝統を重んじる。

**13　画商の店が並ぶトレゾール通り**（同）

**12　ケベックシティの城壁と旧市街地**（同）

## 5　フィジー（共和国）——南太平洋の島嶼国家の景観と暮らし

　海洋リゾート，サトウキビ，複合民族国家，観光の基点ナンディと首都スバ，生活風景などを重点に考えたい。

　フィジー共和国は，南西太平洋の南回帰線北側のメラネシア海域にあるオセアニアの国家である。面積は約1.8万km²（四国とほぼ同じ），約330の島嶼で構成されている。人口は約87万人（2011年）で，フィジー人（57％）とインド系フィジー人（38％）が中心（2007年）の多民族・複合民族国家である。

　フィジーの大きな島は火山活動により，小さな島々は珊瑚礁の隆起や火山活動により形成され，南東貿易風の影響が強い。主島はヴィティレヴ島とヴァヌアレヴ島で国土の9割を占め，100余りの島々に人々が暮らしている。最大のヴィティレヴ島（国土の56％）は，人口の約4分の3集中する政治・経済・観光の中心である。首都スバにはオセアニアの12の小規模島嶼国家群の共同設立の公立大学である南太平洋大学のメインキャンパスが置かれている。

　この島の南東部に位置する首都スバは，南太平洋有数の港湾都市である。西端部には国際航空の玄関口で観光リゾート都市・ナンディがある。街角にはインド系の住民が行き交い，ヒンディー寺院も見られる。北部に位置する第2の都市であるラウトカには大きな製糖工場が操業し，砂糖とチップの積出港がある。ナンディからラウトカに行く乗り合いバスの車窓からサトウキビ畑が広がる。フィジー観光の魅力は，海洋リゾートと伝統的文化や景観である。

　1989年以降，観光は外貨収入で砂糖産業を凌ぎ，フィジー経済の中心になって発展する。ナマ島など周辺離島海域はリゾート地として人気が上昇している。コーラルコーストとの海岸に向かうサトウキビ列車は観光列車の役割をもち，1時間ほどかけてのんびり走る車窓から，伝統的集落，サトウキビ畑，キャッサバなどの農地，マングローブ，美しい海岸などの景観も間近に見られる。独特な「カバの儀式」や伝統的な「ケメの踊り」は，観光の対象になっている。首都スバへはバスでナンディから約2時間半かかる。雨の多い街である。フィジー博物館は見応えがあり，島の暮らしなど参考になる。政情不安な面もあるが，国は経済開発の重点として，英領時代のインド人移住によるサトウキビ中心のモノカルチャー的経済から，水産業など産業の多角化と観光業の発展を図っている。

1　インド系の人が行き交うナンディの街角（2007年9月）

2　首都スバの中心部（同）

3　マナ島の桟橋で歓迎を受ける観光客（同）

4　歓迎の伝統的なカバの儀式（ナンディの集会所）（同）

5　ラウトカの製糖工場（同）

6　タロイモを売る人（ナンディの市場）（同）

## 6　メキシコシティ──高原の巨大都市の変遷と都市景観

　三代にわたる政治・経済の中心地を，多様な歴史的景観と現代の都市景観を中心に，メキシコシティの都市景観を取り上げる。

　新大陸で最も古い百万都市である首都メキシコシティは，メキシコ中央高原(アナワク高原)の標高約2240mに位置する世界有数の巨大都市である。内陸盆地のテスココ湖の小島に立地した湖上都市であるアステカ帝都テノチティトランが起源で，14～16世紀にかけてアステカ文明を開花させた。

　1521年，スペイン総督のコルテス軍により，アステカ帝国は征服され破壊された。スペインはその跡地にメキシコ植民地経営の拠点都市の建設に取りかかった。旧都の都市プランをほぼ継承し，メキシコシティは南アメリカのペルーとともに，新大陸アメリカのスペイン植民地経営の拠点として隆盛する。18世紀のバロック時代に都市改造を行い，1821年の独立から革命期を経て今日まで都市の改造を図っている。

　メキシコシティの人口は，独立前の19世紀初頭は15万人前後で推移し，独立後の内乱期には20万ほどで停滞し，1900年には36万人であった。人口増加は革命期(1910—1916年)の混乱が過ぎ去った1940年代に入ってからである。2005年には872万人(全国の8％)，同大都市圏では1923万人(全国の18％)の人口を有する。急速な都市膨張により，高原の巨大都市・メキシコシティは，大気汚染，交通渋滞，住宅問題，雇用問題など様々な都市問題に直面している。

　アステカ帝都の遺構，スペインのコロニアル的景観，伝統的生活景観，近代的都市景観と過密・不良居住景観など，首都の都市景観は実に多彩で混沌としている。

**1　旧市街地中心部の景観**（2007年8月）
中央の広場はソカロ(憲法広場)である。ソカロ周辺は王宮，大聖堂，メキシコシティの連邦区政庁などの重厚な建造物が取り囲んでいる。この旧市街地の歴史地区は世界文化遺産に登録されている。ラテンアメリカタワーより

**2　テンプロ・マヨール遺跡**（同）
アステカ帝国の中央神殿跡。

**3　首都景観の断面を凝縮する三文化広場**（同）
手前がインディオ文明を象徴するアステカ神殿跡，中央はスペイン時代のサンディアゴ教会，その背後にトラテロルコ団地がある。

4　街角の広場でマリアッチを演奏する楽団（同）
マリアッチはメキシコを代表する音楽。

5　新中心街のソナ・ロッサ（同）
ラテンアメリカタワーより

6　近代的都市景観のレフォルマ大通り（同）
正面左はアステカ王国最後の王クアウテモック像。

7　コロニアルな歴史的景観を呈する旧市街の中心・マデロ通り（同）

8　渋滞する道路のバスレーンを走るメトロバス（同）

9　無秩序に丘に延びる居住地（同）

## 7　イスタンブール（トルコ）──アジアとヨーロッパが跨る文明の十字路

　地理的位置の特異性と歴史的変遷を重点にして，幾多の歴史を刻む世界的なトルコのイスタンブールについて，多彩な都市変遷史の断面を見る。

　アジアとヨーロッパの境界に位置し，世界有数の大都市イスタンブール（人口10,757万人, 2007年）は，古代から重要な交易・政治都市して発展し，今日，トルコ共和国最大の経済・文化の中心都市である。旧市街地は北が金角湾，東はボスポラス海峡，南はマルマラ海と三面が海に囲まれ防衛上の条件も兼ね，この地の領有権をめぐって抗争が繰り返され，多彩な都市史を刻んできた。

　ギリシャ時代下の前7世紀ごろに建設されビザンティオンと呼ばれた。2世紀末にはローマ帝国がビザンティオを占領。330年コンスタンティヌス帝が都をローマからビザンティオンに移し，都市名をコンスタンティノープルとした。395年のローマ帝国分裂後，ビザンツ帝国（東ローマ帝国）の都になり，西ローマ滅亡後もより繁栄し，キリスト教国の首都としての特色を有していた。1453年ビザンツ帝国はオスマン帝国により滅亡したが，コンスタンティノープルはオスマン帝国の都になった。それ以降，ローマ帝国に因んだ都市名からイスタンブールに定着した。

　第一次世界大戦の敗戦後，オスマン帝国は，1922年トルコ共和国となり，首都は内陸部のアンカラに移されたが，大都市として発展している。旧市街地は歴史地区として1985年に世界遺産に登録され，世界的な都市観光地として賑わっている。

**1　ガラタ橋と旧市街地**（2010年3月）
ガラタ橋は金角湾にかかる橋で，新市街地と旧市街地を結ぶ。

**2　ヨーロッパ側の新市街地**（同）
新市街地といっても歴史は古い。中央が高さ67mのガラタ塔(1338年建造)である。

**3　グランドバザール**（同）
1460年頃に木造の市場が設けられたのが最初。オスマン時代の世界交易の中心であったバザールで長い歴史を有する。

**4　旧市街地を走るライトレール(LRT)**（同）
1992年に路面電車が復活。現在，路面を走るLRTは，ヨーロッパ側の新旧市街地を含めて3系統ある。

**5　アジアサイトの市街地**（同）
市街地が拡大し斜面にも高層住宅が建ち並ぶ。

**6　第2ボスポラス大橋**（同）
海峡最狭部(約700m)のヨーロッパ側のルメリ・ヒサール(左端)の要塞が見える。

**7　アクテュルク通りを跨ぐヴァレンス水道橋**（同）
4世紀後期の建造物でローマ建築技術の遺産である。

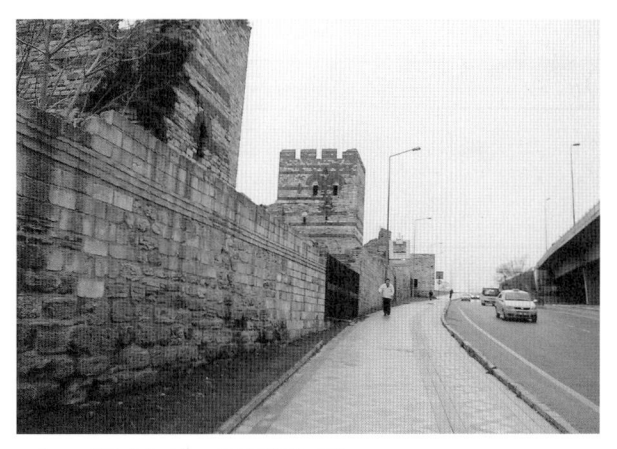

**8　イスタンブールの城壁**（同）
旧市街は半島にあって周囲22kmの城壁に囲まれている。最初にギリシアの植民都市ビザンティオンが築かれから，三度にわたり西に拡張された。

4　地誌と写真（世界編）　51

## 8　ペナンとマラッカ(マレーシア)──コロニアルな景観を残すマレーシアの海峡都市

**ペナン**　マレー語ではピナンと呼ばれるペナンは，マレーシア北西部にありマラッカ海峡北口の西側に位置する花崗岩からなる丘陵性の島である。南北約24km，東西約15kmで面積279km²のペナン島(ジョージタウン)と本土(バターワース)間は，1985年にペナン大橋(13.5km)が開通している。国内では随一の歴史的な国際的観光リゾート地である。中心地であるジョージタウン旧市街には，コロニアルな建造物やタイやビルマの寺院などもあり，異国情緒ある熱帯の島である。また，伝統的な集落景観も混在している。

1786年，イギリス東インド会社が占領し貿易港として開発する。現在に残るコーンウォリス要塞があたりを拠点として街の建設が始まる。その後，海峡植民地に組み込まれ，イギリス人向けの保養地として19世紀後半に開発が行われる。現在では「東洋の真珠」と呼ばれ，東南アジアを代表する海浜リゾートに変貌している。高層ホテルやリゾートマンションなど多く建設されている。旧市街の海岸部には今も水上集落が残っている。

**1　ジョージタウンと対岸の本土**(2004年8月)　コムタ(65階建)展望室より

**2　コーンウォリス要塞**(同)
イギリス東インド会社が最初に上陸して拠点を設けた場所である。

**3　ペナン植物園**(同)
1884年に造られた広大な熱帯植物園。

**4　ペナンのリゾートマンション群**(同)

**マラッカ** マレー半島南西の海岸に位置するマラッカ（マレー語ではメラカ）は，東西海上交通の要衝マラッカ海峡に面している。港湾都市として発達してきたマレーシア最古の都市である。マレー半島とインドネシアのスマトラ島を隔てるマラッカ海峡は，全長約900km，幅約70km～250km，平均水深は約25mで岩礁や浅瀬が多く，タンカーなどの大型船舶の航行が頻繁で海の難所でもある。

15世紀以降，マラッカ王国の貿易港として栄えた歴史をもつ古都である。その後，1511年にポルトガルに征服され占領され，王国がジョホールへ移った。東南アジアにおける海上帝国の拠点として要塞（サンチャゴ砦）やセントポール教会が建設された。イエズス会のフランシスコ・ザビエルはこの地から東アジア布教に出発している。1641年にはオランダの東インド会社に征服され，1795年にはイギリスに占領される。1826年，イギリスはペナンやシンガポールとともに英領海峡植民地としたが，その後，シンガポールに中心が移りマラッカの港湾機能が衰退した。マラッカ州の州都であるマラッカの都市景観は複雑な歴史を刻んでいる。旧市街地は世界文化遺産に登録され観光都市である。

5 マラッカ（メラカ）市街 (同)

6 サンチャゴの砦 (同)
1511年オランダとの戦いに備えるため，ポルトガル軍によって造られた砦跡。

7 マラッカの古い町並み (同)

8 オランダ広場とメラカ・キリスト教会 (同)
1735年オランダ統治時代に建てられた教会。

## 9 大連(ターリエン)(中国) ── 近代史に翻弄された中国東北地域の港湾都市

　中国の遼東(リャオトン)半島南西端に位置し黄海(ホワン)に面する大連(ターリエン)は,躍動する中国の代表的な港湾都市である。19世紀まで小さな漁港にすぎなかった大連は,1898年,日清戦争後の三国干渉の結果,不凍港を求めていた帝政ロシアの租借地となり,東方への門戸として港湾建設が始まった。帝政ロシアはこの地を「遠方」を意味するダルニーと命名し,ヨーロッパ風の街路形態を取り入れた都市計画を作成し街の建設を開始した。大連は日露戦争後の1905年から1945年まで日本の満州支配の基点となり,日本帝国による都市建設が行われた。

　改革開放後は「北の香港」をモットーに経済発展を続けている。ロシア,日本の支配に翻弄され,さらに中国風が混在し,景観的には中国国内では異質な大都市である。中山(チゥオンシァン)広場の周辺は放射状道路が延びている。現在,広場周辺のコロニアル的な日本の建造物は保存され活用され,高層ビル群とのコントラストな景観を呈している。日本式住宅地域も形成されたが,再開発によりその面影はほとんどない。黄海に面する星海公園は,日本支配時代は星が浦海岸と呼ばれていたが,解放後,公園として整備され市民の憩いの場になり,夏は海水浴で賑わう。新しく地下鉄工事も行われ,高架鉄道も敷設され都市交通の整備も進行している。旧型と新型(ライトレール)の路面電車も走っている。

**1　大連(ターリエン)新港周辺の石油化学コンビナート**（2011年3月）

**2　郊外へ拡大する高層住宅群**（同）

3 高層化する中山広場(チゥオンシァン)周辺（2011年3月）

4 大連の中心地・中山広場（1993年8月）

5 近代の歴史に翻弄された大連旧港（同）

6 旧市街を走るライトレール（2011年3月）
現在，大連市街には新旧の路面電車が走っている。

7 大連港周辺の高層ビル群・変容する都市景観（同）

8 1993年当時の大連港(旧港)周辺（1993年8月）

# 5
# 地誌と写真（日本編）
―― 地域を写す ――

## 1　名古屋――歴史軸の断面と現代

　西と北は濃尾平野，東は尾張丘陵にまたがり，南は伊勢湾を臨む200万都市・名古屋を捉える視点は多岐にわたるが，都市発達の歴史軸と近現代の変化を取り上げてみる。

　「尾張名古屋は城でもつ」といわれ，近世の名古屋は，尾張藩の大城下町として発展する。近世，名古屋の歴史は熱田台地の南北軸が中心である。その北端には名古屋城，南端には熱田神宮がある。名古屋城の南から熱田神宮を結ぶ道が本町通りであり歴史軸である。近世以前の古代から中世は，熱田神宮とその周辺にある東海地方最大の前方後円墳の断夫山古墳や白鳥古墳などがあるあたりが尾張の中心であった。熱田神宮が創建された6世紀頃の海岸線は金山駅の南西あたりである。

　堀川は名古屋城築城のため名古屋城の南西から熱田湊を結ぶ運河として，熱田台地西部の崖下に沿って，1610年または1611年（慶長15年または慶長16年）開削された。そのため川の東岸は西岸より高くなっている。台地は北に高く南に低く傾斜しており，市役所あたりが海抜15m，熱田神宮で海抜7mである。金山総合駅のホームはこの台地を掘り割って造られている。

　名古屋城下形成前，織田信長の拠点である清須は尾張の中心地であった。名古屋城の築城とともに清須から名古屋城下へ中心地は移動した。これが「清須越し」と呼ばれる。堀川に架かる五条橋は清須に流れる五条川の橋の名である。いわゆる慶長のニュータウンとして熱田台地の北側の新開地に名古屋城下が形成された。近世，伊勢湾の最奥部である熱田湊は，名古屋城下の外港的な機能をもっていた。東海道最大の宿場である宮宿は，桑名への海路・七里の渡し起点であり，熱田神宮の門前町にも近接し非常に賑わった地域であった。熱田町は1907年に名古屋市に編入された。

　中川運河は産業が発展する名古屋の基幹輸送路として，笹島駅と名古屋港を結ぶため，1930年に開削され，近代の名古屋の発展に大きな役割を担った。堀川と中川運河の東支線のバイパスの通船路として，松重閘門が1932年に設けられた。木材運搬などに使われたが，貨物輸送が自動車に移り通航船舶の減少により，1968年に閘門が閉鎖された。1986年，名古屋市の文化財に指定された。

　名古屋の市営バスは，1982年にバス専用レーンをもつ基幹バスが運行された。その後，名古屋市東北部から都心方面へのバス専用の高架と一般道路を併用して走行する名古屋ガイドウェイバス（通称「ゆとりーとライン」）が2001年（p.95参照），郊外の丘陵地域を結ぶ東部丘陵線（通称「リニモ」）が2005年，JR名古屋駅から名古屋港金城埠頭を結ぶ名古屋臨海高速鉄道西名古屋港線（通称「あおなみ線」）が2004年にそれぞれ開業する。

　名古屋駅から近距離に「ノリタケの森」や産業技術記念館がある。前者はノリタケの近代陶業発祥地の本社に隣接する工場の跡地に，2001年，設立された陶磁器に関する企業文化施設である。また，後者はトヨタグループ発祥の地である旧豊田紡織の本社工場の建物を利用し，1994年に開館した企業博物館である。近年，名古屋の政財界が提唱する「産業観光」の拠点で，名古屋駅近辺にあり名

古屋の産業観光ルートの要になっている。都市景観として，名古屋駅前の超高層化が進み，また旧笹島貨物駅地区再開発事業も本格化するなど名古屋の都市景観の変化は著しい。

**1 名城公園より見た名古屋城**（2011年8月）
熱田台地北端の崖上に城がある。

**2 熱田神宮の杜**（2011年3月）　熱田台地の南渕にある。

**3 東海地方最大の前方後円墳・断夫山古墳**（同）

**4 熱田台地を削って鉄道は走る**（金山総合駅付近）（1999年11月）

5　熱田湊常夜灯 （2008年4月）

6　堀川五条橋と船着場跡 （1991年3月）

7　再開発前の名古屋営林分局白鳥貯木場
後方右は名古屋国際会議場　（1993年11月）

8　松重閘門 （1996年2月）
中川運河と堀川との通船路として設立された。現在は閘門が閉鎖され，名古屋市の文化財。

9　中川運河の北端 （1996年5月）
倉庫の上を名古屋高速が走る。名古屋駅南側の旧貨物専用駅跡地で名古屋港を結ぶ産業の基幹輸送路として1930年に完成。国内屈指の開削による運河。延長8.2km，最大幅90m。

10　名古屋港金城埠頭・自動車専用埠頭 （2007年11月）
トリトン（名古屋港を跨ぐ3つの橋の総称）の架橋背後はガーデン埠頭。

11　名古屋市役所前を走る基幹バス （2011年8月）
全国で早く（1982年）導入されたバス専用レーン。後方は愛知県庁。

12 昭和30年代頃の名古屋テレビ塔からの名古屋駅方面（テレビ塔展望室のパネルより）

13 写真12の現在の景観（2011年3月）

14 ノリタケの森（2006年8月）
かつてのノリタケカンパニーの本社工場跡地で，名古屋の産業観光の基点。

15 JR名古屋駅（2011年8月）

16 名古屋中心部の景観（2011年3月）
名古屋テレビ塔から南を望む。中央に100m道路の久屋大通りが走る。

## 2　神戸──国際港湾都市の変遷と震災・防災都市

　神戸の中心市街は，六甲山系と大阪湾に挟まれ東西に広がる。国際港湾都市・神戸は，多くの歴史的変遷を経た都市である。神戸港のルーツは，現在の神戸港の中心より西に位置しており，古代は大輪田泊，中世・近世は兵庫津と呼ばれていた。はやくも奈良時代，大輪田泊は瀬戸内海の海上交通の要衝となる。894年に遣唐使の派遣が廃止されたが，平清盛は対外関係を復活させ，中国の宋との交易で経済的基盤の強化を目論み，港の改修を行う。1180年，清盛は，大輪田泊の背後地，福原京を造営し遷都したが，わずか約半年の都に終わった。平安末期頃から大輪田泊は次第に兵庫津と呼ばれ，鎌倉時代には国内最大の港に発展。江戸時代の兵庫津は，西回航路や菱垣廻船などの要港として経済中心地である大坂の外港的役割を担う。

　江戸末期の開港後，神戸港は兵庫津の東に新たに築港される。その後，都市中心地もJR神戸駅周辺から三宮駅周辺に移動する。高度経済成長期には外国との貿易が急増し，国際港湾都市として神戸は著しく発展する。1980年には世界第4位のコンテナ港湾と躍進する。しかし1995年の震災後，経済の停滞と東アジアの主要港湾の躍進などにより，神戸港の港勢は相対的に停滞気味である。

　高度経済成長期から神戸市街地は海・山に向かって拡大し続けた。神戸港の中央部に近接する海上に1981年にポートアイランド，さらに港湾東部には，1992年に六甲アイランドの造成工事が竣工し，複合的な海上都市空間が誕生した。ポートアイランドには全国に先駆けて新交通システム「ポートライナー」が開業し，三宮と連絡された。現在，ポートアイランド2期の拡張工事が完成しその南端部に海上空港である神戸空港が開業している。ウォーターフロントの再開発も伸展し，神戸駅の海側にあった旧湊川貨物駅跡地に，ハーバーランドと呼ばれる広大な商業・アメニティの都市空間が1992年に創出された。東部では海岸の運河沿いに，被災により移転した工場の跡がHAT神戸として再開発され，新都心が1998年に誕生した。都心の三宮を中心に西のハーバーランドと対をなす神戸の3つの核心地が形成された。

　1995年1月17日の阪神・淡路大震災の巨大地震による甚大な被害により，街と港は機能麻痺状態に陥った。その教訓から防災都市としての機能が強化され，HAT神戸には防災・減災の世界的拠点として阪神・淡路大地震記念・人と防災未来センターが設立された。また壊滅的な被害を受けた新長田などの地区では，復興まちづくりが行われてきた。

1　神戸中心市街の背後は六甲山地が迫る
神戸市役所展望室より（2008年12月）

2 **清盛塚**（2003年8月）
大輪田橋・清盛橋付近に位置する住吉神社境内にある。

3 **兵庫運河の水門（西方面から）**（同）
西方面から和田岬を迂回せず、兵庫津を結ぶ水路として一八九九年に竣工された。

4 **中心市街を流れる生田川**（2011年2月）
旧生田川は現在の市役所前を通るフラワーロードが流路であったが、旧外国人居留地の洪水対策のため、一八七一年、東側に流路が付け替えられた。

5 東の新都心のHAT神戸から見た西方面の都市景観 (2011年2月)

6 海上から見たハーバーランド (2009年1月)

7 ハーバーランドから見た中突堤とメリケンパーク (1994年1月)

8 神戸市役所展望室よりポートアイランドを望む (2008年12月)

9　震災時の新長田の商店街（1995年2月）

10　震災で破壊された神戸港中突堤（同）

11　HAT神戸にある阪神・淡路大震災記念・人と防災未来センター（2011年2月）　国際防災復興協力機構、アジア防災センター、地震防災フロンティア研究センターなどが入居。博物館施設として防災未来館が設置されている。

12　新長田の復興まちづくりのシンボル「鉄人28号」のモニュメント（同）

5　地誌と写真（日本編）　63

## 3　浜松──企業風土が息づく多彩な政令指定都市

　政令指定都市・浜松市は，東京と大阪のほぼ中間に位置する東海道の要衝地である。1570年，徳川家康は三河の岡崎から三方原台地南端の段丘上にある引馬(曳馬)城に入城し，その後，城下町・宿場町として栄える。

　明治以降，工業都市として発展する。遠州織で有名な国内有数の機業中心地であり，1935年には工業出荷額の70.8％を占めていた。その後，楽器産業がさらにオートバイ産業が急成長を遂げ，世界市場を席巻していく。1950年における工業出荷額比は，繊維19.5％，楽器22.3％，輸送機械27.8％となり，三大産業の街に変化していく。第二次世界大戦後，浜松の産業強化は，本田宗一郎が創業した本田技研工業によるところが大きい。その後，ヤマハ発動機，スズキが参入し，オートバイの産業集積は一段と高まる。

　近年，積年の工業集積と技術の国際競争力を活かした光・電子技術関連のハイテク分野の成長が著しい。1984年に国からテクノポリス(高度技術集積都市)に指定され，全国26の代表的な地域として注目を集めた。このように浜松の産業活動は，つねに創造的な「やらまいか」の企業精神風土に培われ，地域の内発型産業が連鎖的に進展してきた。また浜名湖畔には，「地方都市への産業の頭脳部分」移転の必要性などから，浜名湖国際頭脳センターが1989年に設立された。

　高度経済成長とともに浜松の地域産業は著しく発展し，国鉄(現JR)浜松駅前の景観も変容しはじめ，国鉄貨物駅の移転と跡地利用から駅周辺の再開発がはじまった。浜松駅周辺の整備事業は，官民一体の大規模で大胆な都市再開発事業の中心で，従来とは異なり，アメニティを重視したユニークな都市改造は，当時，全国的な一つのモデルとしても注目を集めた。その核は1995年にJR浜松駅前に完成したアクトシティである。産業技術・情報通信・音楽文化・コンベンションなど高次な都市機能が複合した立体的な都市空間が誕生。中心のアクトタワー(地上45階，高さ212.8m)は，躍進続ける新しい浜松のシンボルとなった。

　世界的な楽器産業の街は，アクトシティの演奏ホールや浜松市楽器博物館の開設，アクトシティ音楽院の創設，国産音楽コンクールなど，今日，音楽のまちづくりを図っている。

　また，浜松は全国有数の農業地域でもあり，多彩な観光資源にも恵まれている。太平洋沿岸部に沿って中田島砂丘が広がる。砂浜の浸食が顕著である。現在，県境を越えた三州(愛知県)，遠州(静岡県)，南信州(長野県)にまたがる三遠南信地域などの拠点都市として新たな挑戦が続いている。

**1　JR浜松駅前周辺の景観** (2008年4月)
駅前広場にはバスターミナルが設置され，その北側はアクトシティとアクトタワーがある。

2　浜名湖国際頭脳センター（1995年3月）

3　浜松テクノポリス（同）

4　三方原台地の農業（1977年5月）
茶と野菜栽培がさかん。

5　中田島砂丘と堆砂垣（2008年4月）

6　浜松市楽器博物館（2001年12月）

## 4　大潟村（秋田県）——新しい干拓村の誕生

　大潟村誕生の目的は，干拓してできた大地に，日本農業のモデルとなるような生産および所得水準の高い農業経営を確立して，豊かな住みよい近代的な農村社会をつくることである。また，干拓地誕生の背景は，第二次世界大戦後の食料不足の状況下で主食の米の増産が緊急課題であり，このような時代の要請による。

　秋田県中央部に位置する全国最大の干拓地農村である大潟村は，琵琶湖に次ぐ全国2位の面積の八郎潟の国営干拓事業により，1964年，中央干拓地に9世帯・人口14人で全国最小の村として新たに誕生した。面積は170km²で，八郎潟の約4分の3が干拓され，残りの湖面は調整池（残存湖）や用排水路として残されている。大潟村は海抜0m以下，総延長52kmの干拓堤防で囲まれている。大規模な干拓以前は，湖面漁業が盛んで漁業に従事する漁家は約3000戸，25の漁業協同組合が存在していた。1957年に干拓工事が始まり1977年に完了した。

　第1次入植は1967年で全国各地から公募した入植希望者から選抜された56人で，1年間の入植訓練を経て営農を開始した。それ以降，1968年に第2次入植（86人），1969年に第3次入植（175人），1970年に第4次入植（143人），1974年に第5次入植（120人）と国営事業の入植者が続いた。1978年の9名は県営事業で入植した。合計589人の入植者が家族とともに入植したが，全体の55％が地元秋田県出身であり，入植者の出身地は1都1道36県に及ぶ。総合中心地といわれる居住区では，入植者年次別に色分けされた三角屋根で居住区分された。

　農家一戸当たりの農地面積は約15haの大規模経営である。「一貫した大型機械化による単作の稲作農業こそが，生産・流通両面にわたる国の近代化のモデルであり，国際的に耐える生産性の高い自立農業の育成・発展・確立」を目指した。はやくも1970年から米の生産調整が始まり，干拓地農業の展開は農政に大きく揺れていく。

　1987年に大潟村あきたこまち生産協会を4人の小グループで発足し，生産者として村内では消費者へ白米の直売をはじめた。その後，活動規模と事業展開が拡大する。また，低・無農薬栽培など環境に配慮した環境保全型農業の実践にも積極的に取り組んでいる。

　「ルーレック構想と観光の村としてのテーマパーク大潟村」の動向も大きな特色である。ルーレック「Rurec」とは，Rural（農村・田園）とRecreation（休養・娯楽）からの合成語である。大潟村は「楽しい郷土をつくる」を村の基本理念として，村のオリジナリティをいかした若者にも魅力ある村づくりを目指している。広大で四季の多彩な田園風景は，魅力的な観光資源となり，大潟村を訪ねる観光客は多い。村全体が観光地であるユニークなテーマパーク型の新農村でもある。

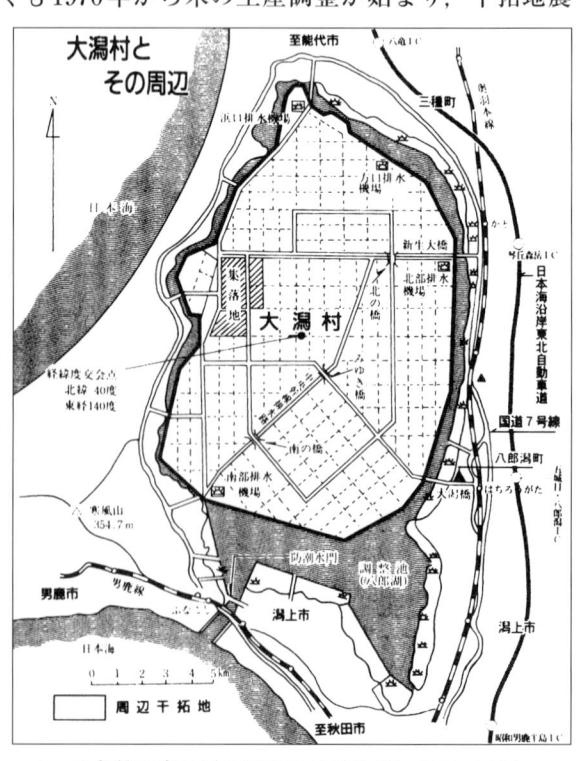

1　八郎潟干拓図（八郎潟干拓博物館）（2007年9月）

2 広大な水田 (2007年9月)

3 総合中心地に立地する干拓地集落 (同)

4 諸施設が集まる総合中心部 (同)

5 カントリーエレベータ (同)
米・麦・大豆の乾燥調整貯蔵施設。処理能力は東洋一といわれる。

6 ホテルサンルーラ大潟 (同)
大潟村の観光基地であり交流の場である。

7 干拓地の水路 (同)

## 5　名瀬・奄美（鹿児島県奄美市）――「道の島」・奄美群島の港湾都市

　大島紬(つむぎ)の島で知られる鹿児島県名瀬市（現奄美市）は，鹿児島市から南西約370〜560kmに広がる奄美群島の主島・奄美大島の北西部に位置する人口約4.1万人（2005年）の港湾都市である。奄美群島は小琉球列島といわれ，鹿児島本土から本琉球（沖縄）に至る「道の島」であった。本土をはじめ南方諸島との貿易港や群島の連絡港として重要な位置を占めていた。

　奄美は，縄文から弥生に至る古代は「奄美世(あまんゆ)」，室町時代から琉球王国の支配下の時代は「那覇世(なはんゆ)」，薩摩藩の直轄領の近世は「大和世(やまとゆ)」と呼ばれ，第二次世界大戦後から1953年の本土復帰まではアメリカ軍政下，そして本土復帰から現在にいたる。奄美・名瀬は，幾多の激変かつ特異な歴史を歩んできた。

　1720年，奄美群島での糖業経営のため，この地に代官所が設置されて以来，名瀬の町は群島中心地としての性格を有し，明治以降は郡役所，大島支島などが設置され，常にその所在地となってきた。現在，名瀬は奄美群島の政治・経済・文化の中心地であり，かつ国・県の出先機関が集中する鹿児島県下有数の都市である。

　奄美大島は，面積は国内離島のなかで佐渡島に次ぐ第2の大きさで，地理的環境として亜熱帯海洋性，台風常襲地帯，山地地形の島であり，さらには僻遠の地，外海離島として多様な特性がある。これらの条件により，奄美・名瀬は産業や暮らしを固有性の強いものに形づくってきた。三方山に囲まれ平地が乏しいため，名瀬港周辺の市街地に人口が集中し，港湾周辺を埋立て市街地の拡大を図ってきた。名瀬の中心市街は，群島全体が過疎化が進行するなかの過密地域である。

　長年，名瀬・奄美の経済を支えてきた本場奄美大島紬産業は，生活様式の変化，ファッションの変化，消費者ニーズの多様化などにより，高価な和服の需要が低迷し，1972年から2004年間に名瀬市の生産反数は7％になり大幅に減少した。

　地域の生活文化が伝わる奄美限定の黒糖焼酎は，全国的情報発信され，1990年後半からの健康志向と全国的な焼酎ブームが高まるなか，生産は伸び，関東・関西地区をはじめ群島外市場への販路が拡大している。奄美のサトウキビ栽培は北限に近いが，旧薩摩藩以来の宿命的な歴史を有してきた製糖業は，奄美群島の基幹産業であった。しかし，1968年の最盛期以降，国際的糖価の低迷と奄美の高糖価のため，サトウキビ栽培の減少が続いている。

　近年，奄美と離島を活かした観光振興を推進している。大規模な観光開発が進んだ沖縄観光に対し，開発からの弊害が少なく，独特な自然と文化景観がよく残る奄美は，沖縄にない魅力をアピールしている。名瀬は奄美観光の基地でもある。また「観光地でない観光地」という新たなに時代の潮流に対し，「アイランドテラピーとスポーツの島」の取り組みに積極的であり，冬・春にスポーツ合宿で全国から訪れる。今後，奄美群島の島つたい観光とさらに沖縄観光と連携して，奄美広域観光の形成を目指している。また，港と海を活かした奄美の顔のまちづくりに取り組んでいる。

1　紬産業が盛んな頃の名瀬の紬問屋街（1975年3月）

2　名瀬湾と中心市街（2006年4月）　過疎のなかの過密の名瀬中心部の景観変容は大きい。

3　名瀬港と中心市街（1973年8月）

4　名瀬港（2006年4月）
埋立地に港と港湾施設などが広がる。

5　名瀬の大浜海浜公園（同）　海洋リクリエーション基地。

6 黒糖焼酎の醸造所（名瀬）（2005年3月）

7 農家の縁側での紬織り（名瀬）（1973年8月）
紬織りの盛んな頃は，農家の副業としての役割を担った。

8 紬織り工場（名瀬）（2005年3月）
現在，紬織りの姿は少なくなった。

9 鰹節製造（名瀬大熊）（同）
名瀬は水産都市でもある。市場が遠いので鰹節などに加工され，本土に移出されている。

## 6　北海道・夕張と長崎県・高島──旧産炭の街の今

**北海道・夕張**　今日，夕張メロンで知られる夕張市は，国土周辺部の新開地に炭鉱が開発され，産炭都市として歩んできた。1869年（明治2），北海道に開拓使が設置された。アメリカから招いたライマンなどの技術者が資源調査を進め，炭層の存在が有望視されたが，自然環境の厳しさから調査が遅れていた夕張で，1888年に北海道庁技師によって石炭の露頭が発見された。その後，良質で豊富な石炭供給基地として，夕張は国内有数の産炭都市として急速に発展する。

　1889年にはわずか16戸を数えるにすぎなかったが，同年，炭鉱事業が始まると，5年後の1894年には戸数1252戸，人口5113人と急増した。1910年には人口5.2万人となり全国屈指の大炭鉱として全国的に夕張の名は知られた。1943年には人口72,813人となり市制が施行された。石炭輸送のため鉄道網が整備され，夕張は鉄道の街の性格を有した。

　夕張の石炭産業は，戦後も経済復興のための最重要産業となり，「緊急的大増産」計画の対象としてさらに躍進した。しかし，高度経済成長期にエネルギー政策転換が実施され，その後，政府による石炭産業の合理化，炭鉱のスクラップ化政策が急速に進められた。その結果，石炭産業は急速に斜陽し衰退の一途を辿り，地域社会が急激に破綻していく。25あった鉱山は，1990年にはすべて閉山した。人口はピーク時の1960年の107,970人から2005年には13,002人となり，12％に激減した。石炭に依存し，石炭によって翻弄され夕張は，多くの問題を抱え2006年には市の財政は破綻し，地域経済は困窮し，地域社会は混迷を深めている。再生を模索しているが，その道のりはきびしいものがある。

**1　めろん城**（2007年9月）
地域振興のため特定の1988年に建設された名産・夕張メロンの加工施設は，2006年に経営破綻したが，2007年に再び開業した。

**2　石炭の歴史村**（同）
鉱山跡地は「史跡夕張鉱」として「石炭の歴史村」が設置された。国内唯一の見学できる炭鉱である。周辺の山は植林され緑が回復しつつある。

**3 夕張市街地**（2007年9月）
炭鉱住宅（炭住）に代わり市営住宅が並ぶ市街地。

**4 郷愁の丘ミュージアム**（同）
夕張は映画祭が開催される映画の街としても知られる。

**長崎・高島**　長崎県の高島（現・長崎市高島町）は，県西部に位置し長崎港から南西約15kmの沖合にある。県都長崎市とは高速船で結ばれ，面積約1.2km²，周囲6.4kmの外海本土近接型の旧炭鉱離島である。江戸後期以降，高島は，日本産業の近代化に果たしてきた高島炭鉱の動向に強く影響を受けてきた。1817年，高島の石炭採掘は佐賀藩直営となり，1867年にはイギリス貿易商トーマス・グラバーに合併される。トーマス・グラバーは，西洋技術を導入して炭鉱開発に乗り出す。1874年官営となるが，同年払い下げられ後藤象二郎の経営となる。1881年，三菱（岩崎弥太郎）に譲渡された。岩崎家は本業である海運業の燃料自給と石炭産業に参入をはかり，三菱財閥へと発展の基盤を築く。このように高島は「三菱発祥の地」となり，蒸気機関を備えた日本最初の近代炭鉱の島として発展する。しかし，1955年をピークにその後慢性的不況に陥り1986年に廃鉱となり，暮らしと景観は大きく変化していく。

人口は1950～95年間には10,400人から1019人と約10分の1に激減した。とくに1950年からの10年間の人口減少は激しく，この間人口は5分の1となる。炭鉱閉山後の高島は，農業・漁業への就業が増加傾向である。「石炭を魚にかえて島おこし」を標語として，水産業の振興を中心とした地域産業の再構築に取り組んでいる。ヒラメのなどの養殖・販売の事業所がある。また，雇用と産業創出の事業としたトマトのハウス団地がある。しかしその後，経営は停滞している。水産業振興のため漁港の整備を進めている。近年，「高島町海水温泉施設アイランド・テラピーいやしの湯」などがオープンして寛ぎと交流を推進し，さらに周囲の美しい海を活かした海洋リクリエーションの整備など島おこしを始めている。

**5 高島の北渓井坑路**（1995年12月）
1869年，日本最初の蒸気機関による立杭（約43m）を開坑。1976年まで稼動。

6　旧高島町市街地（1995年12月）　丘の上はかつては炭鉱住宅が建ち並んでいた。

7　ヒラメなどの養殖（同）

8　トマトのハウス栽培（同）

9　海水浴場と海釣り公園（正面後方）（1997年8月）

## 7 下関と門司——海峡都市景観の連携

**下関（山口県）** 古くは赤間関，馬関とも呼ばれた下関は，本州最西端に位置し，瀬戸内海と日本海さらに大陸とを結ぶ海峡都市として古来より幾多の変遷を経てきた。地理的位置の性格上，壇ノ浦の合戦，近世には西廻り航路の最大の寄港地，幕末の下関戦争，近代の日清講和条約の提携など，軍事的・経済的に重要な意義を有してきた。1905年に関釜連絡船が就航し，鉄道と航路のターミナル，さらには水産業の街として繁栄する。しかし，海底トンネルや海峡の架橋により，海峡の連絡航路としての性格も薄れ，また水産業の衰退も大きく，近年，下関は停滞を余儀なくされてきた。独自性の強い都市から北九州の影響を受ける周辺都市へと変化しつつある。現在，海峡の歴史的自然的な町並みや唐戸周辺のウォーターフロントを整備し，海峡を活かしたまちづくりを展開している。2010年8月，景観法に基づき「下関景観計画」を策定，さらに2011年4月に「関門景観形成地区」として，北九州門司と連携して関門海峡地域の景観形成の積極的な取り組みが始まった。

1　機上から見た関門海峡（2008年3月）
上が下関側，下が北九州側

2　関門海峡（2010年7月）
架橋は関門自動車道の関門橋。

3　関門海峡と下関唐戸（同）
下関の唐戸と門司港桟橋との渡船は約5分。その後方に日本海が広がる。

4 唐戸市場周辺のウォーターフロント（2010年7月）
下関の唐戸は古くから交通の要として栄えた町。現在はウォーターフロントとして再開発され、観光のスポットとして賑わっている。

5 赤間神宮（同）
源平壇の浦の合戦に敗れ、入水した安徳天皇を祀っている。

6 日清戦争の歴史を伝える日清講和記念館（同）

**北九州市・門司（福岡県）**　北九州港は、1964年、門司港と前身の小倉港、洞海港とが統合され誕生して、2009年11月には開港120周年を迎えた。開港当時、門司港一帯は塩田の広がる人口約3000人の寒村であった。明治政府が当時の主要輸出品である米・麦・麦粉・石炭・硫黄の5品目の特別輸出港として門司港を1889年に指定した。2年後、九州鉄道の起点となる門司駅（現門司港駅）が開業。1896年に石炭輸出が全国1位に躍進する。そのため金融機関や船会社が相次ぎ進出し、洋館風のレンガ造りの商社や銀行が建ち並んだ。1921年には日本郵船の1万t級の超大型の欧州航路船「箱根丸」が初寄港し、これを機に門司港は欧州航路の寄港地となる。1922年の大正期から1935年の昭和初期にかけて、門司港は最盛期を迎え、国際色豊かなでハイカラな港町に発展する。

　1942年の関門トンネル開通後、下関とともに通過点となり、活気が失われた。このような状況のなか、1988年に始まった「門司港レトロ地区」としての再開発事業により、往時の面影を残す町並みが都市型観光地として脚光を浴び、年間200万人を超える観光客が訪れる全国的な観光スポットに発展する。2001年に北九州市と下関市が「関門景観共同宣言」を行い、「関門景観条例」を制定した。県域を越え複数の都市が、景観に関して同一名称・同一条文を制定するのは全国で初である。

7　JR門司港駅（2010年7月）
九州の鉄道の起点。1914年築の九州最古の木造駅舎。1942年に門司駅から門司港駅に改称。1988年に鉄道駅舎として初めて国の重要文化財に指定された。

8　門司港駅周辺（同）
門司港レトロ展望室（103m）より

9　旧門司税関（右側のレンガ造りの建物）（同）

10　旧大阪商船門司支店（同）
1917年（大正6）に建造された八角形の塔屋が目印。

11　再生された門司のウォーターフロント（同）

12　JR門司港駅構内の観光ポスター（同）

## 8　佐久島(愛知県)——アートで島おこし

　愛知県三河湾の離島・佐久島(西尾市・旧一色町)はユニークな「島おこし」で注目されている。本土の一色町の船着き場から約11km、連絡船で20分ほどにある。その西側に位置する日間賀島と篠島とともに愛知三島と呼ばれている指定離島(離島振興法に基づく離島)である。三島はいずれも「一部離島」(同一市町村内に離島側と本土側の両地域が存在する場合における離島側地域を指す)である。高度経済成長期以降、漁業の島である日間賀島と篠島は、観光の島の性格を強めていくが、佐久島はその影響を余り受けずに過疎化・高齢化が急速に進行した。1960年と2000年の40年間を比較すると、人口は1172人から493人と変化し約10分の3に激減した。さらに1980年から2000年の20年間に高齢化も23％から49％に著しく進行し、15歳未満の人口が5分の1に激減し、島の小・中学校の教育と高齢者福祉に大きな危惧と負担が増大した。

　1998年、国と県の補助を受け、町が島の文化振興を推進する目的で、西港近くに島のおこしの拠点「佐久島弁天サロン」を開館し、島おこしの取り組みが始まった。その中心はアートからであった。名古屋市立大学芸術工学部教授の瀬口哲夫は、「エーゲ海に浮かぶ白い宝石」といわれるギリシャのミコノス島に対して、コールタールで塗られた西港周辺の黒壁の家並みを、「三河湾の黒真珠」と称した。この独特な集落景観は島の宝になり、観光資源として島外に継続的に情報発信されている。

　1996年には「島を美しくつくる会」が発足。その活動内容は、①定住対策、②商品開発の推進と起業精神の喚起、③住環境と調和のとれた景観づくり、④伝統・歴史の保存を通した地域文化の復興、⑤アートとの交流の場づくりである。模索のなか、島民、行政、島外のアーチスト、ボランティアによる自発的な協働による活動は実りはじめた。

　島の教育対策として、小規模特認校制度による本土側の校区外から越境通学「しおかぜ通学」を2003年4月から導入している。その背景は、児童生徒の減少による学校の存続危機があり、島の活性化対策として関係づけた。島の教育活動として島の環境と島民の願いを取り入れながら、島(地域)が豊かになるように考える活動も積極的に取り入れている。

　「ないものネダリからあるもの探し」の自発的な幅広い取り組みにより、静かで小さな離島を、地域の「お荷物」から「宝」への実践は、島の元気を回復した事例として全国的に高く評価されている。

**1　佐久島の東港周辺の集落**
(2004年6月)
民家は黒色の色彩。佐久島は「三河湾の黒真珠」といわれる。

2 佐久島中央部の水田と里山（2004年6月）

3 しおかぜさん（同） 本土からの越境通学。

4 空き家をアート空間に（同）

5 アートのパフォーマンス・案内のポスター（同）

6 島おこしの拠点・弁天サロン（同）
前で踊りのパフォーマンスをする島外の芸術系の学生。

7 アートピクニックのコース（同）

## 9 明日香村（奈良県）——歴史的風土と文化的景観

　中央集権律令国家の誕生の地である明日香村は，奈良盆地の南東部に位置し，大阪から約40km，奈良市から約25kmの圏域にあり，面積24km²・人口5835人（2011年8月1日現在）の小規模な村である。村域には伝飛鳥板蓋宮跡，飛鳥寺，川原寺の寺院跡，石舞台古墳，高松塚古墳，キトラ古墳など全国的に有名な遺跡が多くある。盆地周辺の自然的・人文的環境と一体をなし，古代国家形成の記憶が刻まれ，『万葉集』にも詠まれる歴史的風土を形成している。

　明日香村は，京都市，奈良市，鎌倉市，斑鳩町などとともに，古都保存法が適用されている。古都保存法は歴史的風土地域として日本の古都を開発から守るため，1966年に制定された。明日香村は，唯一村全域が古都保存法の対象になっている。貴重な明日香村における歴史的風土を良好な状態で保存するとともに，後世に伝えていくことは，国家的見地から極めて重要な課題であるとの認識から，1980年，明日香法，正式には「明日香村における歴史的風土の保存及び生活環境の整備等に関する特別措置法」（明日香村特別措置法と呼ばれる）が制定された。

　文化財的な遺跡とまわりを丘や山に囲まれた村には，棚田をはじめとする田園，歴史的な町並み，古い集落などが独特な文化的景観を形成している。近年，景観法に基づく明日香村景観条例を制定して，景観に対する認識をより醸成している。1992年，ユネスコは世界遺産において文化的景観の概念を導入し，日本の文化財保護法にも規定・導入される。文化的景観とは「地域における人々の生活または生業および当該地域の風土により形成された景観地で，我が国民の生活又は生業の理解のために欠かすことのできないもの」（「新文化財保護法」）である。近年，文化的景観は文化財とする見方が広まりつつある。

**1　石舞台古墳**（2006年8月）
古墳時代後期の古墳。埋葬者は蘇我馬子と伝えられる。1952年，国特別史跡に指定された。周辺地域は国立飛鳥歴史公園区域である。

2 稲渕の棚田 (2006年8月)

3 川原寺跡 (同)

4 岡寺参道付近の岡集落の歴史的町並み (同)

5 甘樫丘(あまかしの)から望む東方面の景観 (同)

# 6 テーマと写真
## ——各地の地理的事象を捉える——

### 1 扇状地の土地利用とワイン産業——山梨県甲府盆地の勝沼（甲州市）

　山梨県は全国的に知られるブドウの栽培地で、ワインの大産地である。その中心は甲府盆地の勝沼地区（甲州市）である。気候と地形を活かし扇状地にはブドウ栽培が行われ、ブドウの直売店も多い。ワイナリーも多く立地しワインの販売も行う。扇状地には「ブドウの丘」の観光施設がある。近くのJRの駅名も「勝沼ぶどう郷」と名付けられている。また、幹線道路沿いにはワイナリーが直営するレストランがある。このように勝沼地区は、主産業であるブドウ・ワインに関わる地域。

1　ワインの醸造工場（1993年7月）

2　扇状地のブドウ栽培（同）

3　JR勝沼ぶどう郷駅（同）

4　ワイナリー直営のレストラン（同）

## 2　遊牧民の暮らし——モンゴル

　高原，草原，ゴビ砂漠，遊牧の国と知られるモンゴルは，北アフリカからユーラシアに続く乾燥地帯の東端に位置し，ロシアと中国に挟まれた東北アジアの国である。1991年にモンゴル人民共和国からモンゴル国に国名を改称した。政治・経済環境が激変する1993年8月中旬に訪ねた。国土は東西2392km，南北1259km，北緯42～52度の高緯度に広がり，面積は156万km²（日本の約4倍）であり，その約8割は標高1000～3000m（平均標高1580m）の高原である。モンゴル人の生活舞台であるモンゴル高原は，中国側も含むと日本の国土の約7倍となる。年間雨量は500mm以下の乾燥気候である。北から南にかけて，ベルト状に森林ステップ，純ステップ，さらに砂漠性ステップ，砂漠へと乾燥度が増し，植生は変化する。標高1351mの草原の盆地に位置する首都ウランバートルは年降水量約300mm，平均気温−0.5度で世界最低気温の首都である。

　モンゴル高原南部から中国内モンゴルにかけて広がる高原砂漠性の大地をゴビと呼ぶ。標高900～1200mで年降水量は50～200mmである。ウランバートルから南約520kmにある南ゴビには，大地が滑走路の空港がある。その近くにあるツーリストキャンプでゲルの生活体験ができる。

　モンゴルの遊牧民は5畜（羊，山羊，牛，馬，ラクダ）の飼育を基本としているが，この地域ではラクダが中心である。「ゴビ」とはモンゴル・中国では，一般に植物の疎らな荒れ地を指している。砂漠性のゴビは国土の約4割，砂漠のゴビは約15％である。ウランバートル南西約45kmのオンドルドブで野営する遊牧民一家を訪ねた。ここでも自家製のアイラグ（馬乳酒）をいただいた。この家族は羊約100頭，馬約110頭，牛約30頭を私有する。社会主義時代のネグデル（農牧業協同組合）制度が解体し，生産意欲も高まりつつあるが，都市生活者とともに遊牧民も市場経済化の渦中にあり，新たな対応に苦慮している。

1　**オンドルドブの家畜の放牧**（1993年8月）　ワジの周辺に集まる家畜。

2 南ゴビの飛行場　大地が滑走路になっている。(1993年8月)

3 アイラグ(馬乳酒)の歓迎 (同)

4 オンドルドブの遊牧民の親子 (同)

5 ゴビ砂漠の遊牧民の子ども (同)

6 遊牧民の定住化 (同)
首都ウランバートル市街周辺のゲルの集落。

## 3 計画都市・首都移転と新行政首都——キャンベラ(オーストラリア)とプトラジャヤ(マレーシア)

**キャンベラ** オーストラリアの首都キャンベラは,行政上はオーストラリア首都特別地域(ACT)と呼ばれる連邦直轄地で,シドニーから約300km,メルボルンから約650kmの位置にある内陸都市である。先住民アボリジニの言葉で,「人の出会う場所」という意味がある。

1901年にイギリスから独立したオーストラリアは,暫定首都となったメルボルンとシドニーの対立の解決策として,1911年,そのほぼ中間地点の内陸部にキャンベラの首都建設を始めた。1927年に臨時首都メルボルンからキャンベラに移され,1929年に最初の連邦議会がキャンベラで開催された。1960年には一応完成する。アメリカの建築家ウォルター・バーリー・グリフィンの設計を基盤とし,地形を生かした理想的な計画都市である。中央に設計者の名がつけられた人工湖バーリー・グリフィン湖がある。湖の南側はキャピタルヒルと呼ばれ,連邦政府機関が集まった地区,北側はシティ・ヒルはダウンタウンになっている。

1 首都機能が集中するキャンベラの中枢地区 (1992年8月)

2 緑と湖が配置された整然としたキャンベラの市街地 (同)

3 キャピタルヒルに建つ旧国会議事堂 (同)
現在は新国会議事堂が建てられている。

**プトラジャヤ**　プトラジャヤは，マレーシアの初代首相の名に因んでいる。最初で本格的な「マレー人によるマレー人の都市建設」として，強い国家的意図が織り込まれ，21世紀に向けた未来都市の実験として世界的に注目を集める。首都クアラルンプールは，植民地過程により形成された華人中心の特異な多民族都市であることに加え，近年，慢性化する交通渋滞と住宅問題，増大する不法移民，さらには点在する連邦政府機能の非効率化の課題が顕著となっている。その抜本的対策のため，首都市街地から南へ約25km，新国際空港から北へ約20kmの地域に1993年に移転地が決定された。

　1995年にプトラジャヤの都市建設が始まり，1999年，首相府やオフィス，2000年に財務省，外務省などが移転。連邦政府機能も連邦議会，最高裁判所が残留し，クアラルンプールはマレーシアの首都として存続する。計画人口は33万人。広大な人工池や多くの緑地，スポーツ・リクレーション施設が配置された美しい環境都市である。

4　プトラジャヤの高級住宅地域が湖岸に伸びる（2004年8月）

5　湖岸の大きな建造物が首相官邸（同）　後方は国立モスク。

## 4 産業景観と観光——愛知県常滑市のやきもの散歩道

　現在，空港（中部国際空港）のある街として知られる知多半島中西部に位置する常滑市は，日本六古窯の一つに数えられる古い歴史をもつ常滑焼で有名な街である。土管や朱泥の急須は知られている。近年，常滑市は産業遺産を景観としてまちづくりに力を注いでいる。市街地に起伏の多い「やきもの散歩道」がある。土管坂，レンガの煙突，工場のレンガ造りの壁，登り窯のレンガの煙突群，古い工場を活かした陶芸家のギャラリーなど見所が多く，凝縮した産業遺産の景観は，観光資源として見直され，休日などは多くの観光客が訪れる観光スポットになっている。

1　レンガの煙突のある町並み（2002年4月）

3　登り窯のレンガの煙突群（2010年11月）

2　土管坂（2002年4月）
かつて土管生産が盛んだった頃の記憶を刻んでいる。「やきもの散歩道」のシンボル。

## 5 移民の集落(街)——アメリカ村(和歌山県旧日高町=現美浜町三尾)と日系の街(カナダ・バンクーバー近郊スチブストン)

### (1) アメリカ村(和歌山県旧日高町=現美浜町三尾)

　アメリカ村は和歌山県の日ノ御埼の東麓にある漁村・三尾浦(日高郡美浜町三尾)の通称である。背後は山がせまり，耕地に恵まれていない地形環境にある。1888年に三尾出身の工野儀兵衛がカナダに渡航し，西海岸のバンクーバー近郊のフレーザー川本流の河口の漁村スチブストンは鮭漁が盛んである状況を郷里に伝えた。このことが移民の契機となる。翌年(1889年)より，三尾からスチブストンへ集団的に移民が始まった。半世紀後の1940年頃にはカナダ移民は2000人余りに達し，おもに漁業や林業に従事した。このことから三尾村はアメリカ村と称された。現在，三尾はカナダから移民を終えた人々の隠居村としての性格をもっている。1950年に三尾カナダ連絡会が結成され，カナダへ再渡航が始まり，1960年頃には日本に戻った人のほぼ全員がカナダへ帰国した。

　日ノ御埼にはカナダ資料館(アメリカ村資料館)があり，移民の歴史を伝えている。集落内には「アメリカ村」という名のバス停がある。

1　道路沿いのアメリカ村の集落 (2001年2月)

2　海に面した漁港であるアメリカ村の集落 (同)
本瓦の大きな民家が集中。

## (2) カナダのスチブストン

　スチブストンでは三尾出身の日系移民2世に出会った。バンクーバーに南接する都市リッチモンドの南西端のフレーザー川河口付近の北岸に位置する漁業集落スチブストンに日系人集住地区がある。公園内の工野庭園に「和歌山県渡加移民百周年」碑がある。集落には缶詰工場の建物があり，近くのフィッシャーマンズワーフは賑わっていた。スチブストンは第二次世界大戦時の日系移民の苦渋と多くの歴史を刻んでいる。

3　スチブストンの町並み（1995年8月）

4　フレーザー川河口の漁港（同）

5　缶詰工場（同）

6　フィッシャーマンズワーフ（同）

## 6 国際河川——ライン川とメコン川

### (1)ライン川

　「ローレライ」の名で国内にも知られているライン川は，スイスアルプスからヨーロッパ中央部地域を流れ，河口周辺は分流しオランダのロッテルダムなど通過して，北海に注ぐ全長1320kmの大河である。ライン川は古来より中部ヨーロッパの南北を結ぶ大動脈であり，内陸水運の交通量としてはアメリカの五大湖に次ぐ。ライン川流域は歴史的にも大きな役割をもち，ローマの北への勢力拡大やドイツとフランスの勢力争いなど地政学的に重要視されてきた。

　大陸中北部は平原が多く，河口からスイスのバーゼルまでの855km間の比高は245mにすぎず，非常に緩やかでさらに降水量の変化も少なく，自然環境的にも水運に適している。1831年，国際河川として航行の自由が保障され，1992年にはマイン・ドナウ運河の開通で北海から黒海が結ばれた。ライン川は「アルプスライン」「高ライン」「上流ライン」「中部ライン」「下流ライン」と分けられ，それぞれの自然・暮らしを刻んでいる。ラインクルーズは人気が高い。

1　スイス・バーゼルの掘込港のコンテナヤード（2005年8月）バーゼルはライン水運の南の門戸である。

2　ライン川のバーゼルにあるフランス・ドイツ・スイスの三国国境地点の記念碑（同）

3　ライン川岸のブドウ園（ドイツ・リューデスハイム）（同）

4 景勝地ローレライから見たライン川（2005年8月）
コンテナ船などの船舶が頻繁に行き交う。

5 ロッテルダム港（同）
ヨーロッパの海の玄関口。海運とラインの水運との中継地点としての役割をもつ世界有数の港湾。

## (2)メコン川

　中国や東南アジアの代表的大河の多くの源流は，ヒマラヤ山脈北側のチベット高原東部である。東南アジア最大の大河メコン川(4425km)の源流も同じで，ほぼ南流しながら中国，ミャンマー，ラオス，タイ，カンボジア，ベトナムの5カ国を経て南シナ海に注ぐ国際河川である。中国国内ではランツァン川（瀾滄江）と呼ばれる。自然のままに流れるメコンは，河川交通として難所が多い。流域は農業が盛んであるが，近年，メコン広域圏やインドシナ経済圏として多くの国家的プロジェクトなどで，流域の開発計画や開発が実施され変化している。経済成長を続ける中国最南西の雲南省西双版納は，辺境の地ではなく，メコンを通じて東南アジアとの出入口として性格をもち，開発が盛んである。途中，メコン川はミャンマー，タイ，ラオスの三国国境を通過し，下流地域では多くの河川に分流してメコンデルタを形成し，世界的な米作地帯となっている。

6 機上からの中国雲南省西双版納の景洪市街とメコン川（2000年8月）

**7 熱帯農園と焼畑**（2000年7月撮影）
ゴム，パイナップルやトウモロコシの栽培がさかん。

**8 タイ側のゴールデントライアングルの少数民族**（1991年8月）
ミャンマー，ラオス，タイの三国国境地帯。

上がメコン川
下がトンレサップ川

**9 メコン川の分流地**（1996年8月）
カンボジアの首都プノンペンで大河メコン川がトンレサップ川と分流する。

**10 メコン下流（ベトナム）**（同）
メコンデルタのミートー近くのメコン川。

6 テーマと写真

## 7　まちづくり——愛知県足助町(現豊田市足助町)

　景勝地・香嵐渓の紅葉で知られる足助町(現豊田市足助)は、「保存は開発」、「福祉は観光なり」、「生涯現役」をモットーとするユニークなまちづくりで注目されてきた。全国町並みゼミの最初(1978年)の会場、活きた博物館づくり、自然と歴史を生かした通年型観光など多面的なまちづくりを実践している。

　町をあげての香嵐渓の整備(「香嵐渓物語」)は、今日の足助の観光化とまちづくりの原点となる。大きな起爆剤になった三州足助屋敷は、1979年度の農林水産省の山村振興法に基づく第二次山村地域特別対策事業の補助を得て、1980年に香嵐渓地内に誕生した。急速に崩れていく山村の生活文化に着目した「生きた」野外民俗資料館で、キーワードは手仕事を掲げている。高齢者の職場確保と生き甲斐の創出を兼ねる観光事業である。

　町制施行100周年の記念行事として、1990年に開館した施設である足助町福祉センター「百年草」は、ノーマライゼーションをキーワードとし、町民の生涯現役の福祉活動を行っている。洒落た多機能複合施設には、ホテル、レストラン、喫茶、浴場、ハム工房、パン工房などが併設されて、足助観光の一翼を担っている。

　足助は名古屋・岡崎・信州飯田などの主要地域と街道で繋がる三河山間の交通の要所であり、近世から明治期にかけて栄えた「塩の道」の面影を残している。三河湾の塩を水運で運ばれて足助で積み替え、信州の山間地域に移送する中継馬の機能を有し賑わった。江戸時代には大商人が出現し、1836年に加茂一揆の最初の攻撃目標とされた。歴史的町並みの保存は、地域アイデンティティと観光まちづくりに発展している。

　さらに春のカタクリ群生、2月から3月にかけて「中馬のおひなさん」などにも取り組んでいる。高度経済成長で衰退する地域におけるまちづくり実践の概要である。

1　足助川に沿った町並み（2001年5月）
近世には舟運で賑わった河岸の跡が残る。

2　足助町福祉センター「百年草」（2001年5月）

3　香嵐渓（同）
東海地方の代表的な景勝地で，とくに紅葉が有名である。

4　「中馬のおひなさん」で賑わう（2007年2月）

5　カタクリの群生の保護もまちづくり（2001年3月）

6　三州足助屋敷内の竹細工（1993年7月）

# 8 都市交通——沖縄・那覇，富山，フランス・ストラスブール，名古屋

## (1) 沖縄・那覇の都市モノレール(ゆいレール)

　沖縄の21世紀の交通システム。県都・那覇の交通渋滞の解消と環境対策。ワンマン運転で那覇空港駅と首里駅を結ぶ路線(12.9km)で2003年8月開業。愛称「ゆいレール」。「ゆい」は沖縄のことばで「ゆいまーる」(雇いまわりを語源。村落共同体労働を意味する)からとられた。車窓から東シナ海の離島も遠望でき，観光モノレールの性格ももっている。

1　首里の丘陵部を走る「ゆいレール」(2003年12月)

2　開業のポスター

## (2) 富山ライトレール

　旧JR富山港線のLRT化により，富山駅北駅から岩瀬浜駅の7.6km間が2006年4月開業。地域密着型公共交通機関の活性化のシンボルとして注目されている。コンパクトシティのまちづくりの一環。高齢者層を中心にあらたな需要の開拓と日本海岸の岩瀬地区への観光客の誘致。乗車数が順調に伸びている。

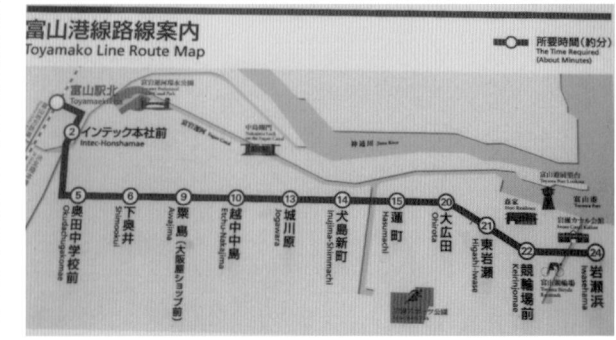

4　富山港線の路線案内

3　富山駅北駅の富山ライトレール(2009年9月)

### (3) フランス・ストラスブールのライトレール

　ライン川左岸にあるフランス東部アルザス地域の中心都市ストラスブールは，1992年の都市改造計画により交通機関の大幅な刷新が実施された。1994年から順次開業し，2007年8月には5系統53kmが運行されている。パークアンドライドとLRT導入による経済効果が多面的で，都心部の商業地としての魅力向上を目的としている。

5　旧市街を走るライトレール
（2005年8月）

### (4) 名古屋ガイドウェイバス

　愛称「ゆとりーとライン」。開業2001年3月。設立目的は，「名古屋市東北部から都心方面への交通混雑の緩和と土地区画整備事業の進行する守山区志段味地域の開発を支えるため，混雑区間の高架専用軌道と一般道路を乗り換えなしに走ることのできる全国初のデュアルモード走行を実現」。大曽根と守山区の小幡緑地間6.5kmは高架軌道である。定時・高速，安全，デュアルモードで一般道路での走行可能，バスと新交通システムの「中間の需要」に対応するなどの特色がある。

6　名古屋ガイドウェイバスの大曽根駅（2009年9月）

8　「ゆとりーとライン」の案内板

7　一般道路から専用軌道に入るガイドウェイバス（同）

# 9　漁業出稼ぎの島——ロフォーテン諸島（ノルウェー）と石川県舳倉島

## (1)ロフォーテン諸島

　ノルウェー海北部の北極圏に位置するロフォーテン諸島は，本土から約2～80km隔て，半島のように約170kmにわたって北東から南西に連なっている。世界的なタラの好漁場として知られている。その輸出は古く12世紀にさかのぼる。1月下旬から4月にかけて，北極圏のバレンツ海で成長したタラは，ロフォーテン諸島と本土との間のフィヨルドに産卵するため回遊する。タラ漁はこの時期に行われる。主に2～3人で船に乗り込み延縄漁法で漁獲する。4月から6月にタラ干しされる。港周辺には加工場と多くのタラ干し棚がある。タラ干しはあまり空気が乾燥せず気温も比較的低温がよいといわれる。まさにロフォーテン諸島の気候風土がタラ干しに適している。タラ漁のシーズンになると本土沿岸の漁村からも多くの漁船が集まり漁獲する。冷凍，燻製，干魚に加工して主に輸出する。しかし，今日，タラ漁は低調である。また，ロフォーテン諸島はノルウェー捕鯨業の基地でもあり，操業は7月が中心である。

　スヴォルバルはロフォーテン諸島の海陸交通の中心地である。2～3億年前といわれる世界で最も古い岩石で形成され，シンボルの1000m級の「ロフォーテンの壁」が海に迫り聳え立っている。近年，ロフォーテン諸島の独特の風土を求め，観光客が来島し，観光業は重要性を増して，漁業に次ぐ基幹産業に成長している。スヴォルバルは北極圏の観光リゾート機能も高めている。

1　機上から見たロフォーテン諸島（1999年7月）

2　中心地スヴォルバルの漁港（同）

3　タラ漁船とタラの加工場（右）（同）

4　タラの干し場（同）

## (2) 舳倉島(へぐら)

　石川県能登半島北の約50kmの海上にあり，周囲約7km，面積約1km²，最高標高12.5mのお盆のように平坦で小さな島である。春から秋にかけて輪島市海士町(あま)および鳳至町(ふげし)などから，漁民が移住し主に海女漁業に従事する。民俗学者である瀬川清子の報告書『海女』(古今書院，1955年)がある。そのルーツは近世初期から海士町に居住し，舳倉島を本拠とする筑前国鐘崎から来た海士である。

　舳倉島はロフォーテン諸島とともに高校の地理の教科書で習った覚えがある季節的な出稼ぎの漁業の島である。舳倉島の海産物は主にアワビ・サザエと海草類である。しかし，現在では島に定住する漁業従事者も増加傾向である。連絡船は輪島港から就航する。外海の島であるが船は小さく夏場でも少し天候が悪いと欠航し，冬季の欠航は多い。1976年の夏に訪ねたとき2日間欠航になった。島は海女漁で活気があった。2002年の夏の再訪時は，海女漁をする姿も少なく静かであった。現在は遊漁，バードウォッチングの目的で渡島者は増加傾向である。この25年ほどの間に島の生活環境も大きく変化している。

5　輪島市海士町の集落 (2002年8月)

6　漁に出かける海女 (1976年8月)

7　海上から見た舳倉島 (2002年8月)

## 10　森林鉄道から観光・登山鉄道——台湾・阿里山

　阿里山は標高2000mをこえる高山の連峰である。現在，観光・登山鉄道としての機能をもち，台湾省林務局が登山鉄道として経営している。台湾中西部の嘉義駅から標高2150mの阿里山駅(約71km)まで，北回帰点線に並走する。垂直的に変化する景観はまさに観光資源である。この世界三大登山鉄道は，もともと檜や杉の産地として知られた阿里山の木材を運搬するための森林鉄道であった。日本の統治時代の大事業により1911年に開通した歴史をもっている。当時，日本では檜材が不足しており，その供給基地を海外に求めていた。近年，林務局は，阿里山のご来迎を拝観する観光客のため，阿里山駅から祝山までの約6km間に祝山線鉄道を敷設し，1986年より運行を開始した。1982年には道路も開通している。2002年の夏，帰途はバスで道路を下った。山麓には茶畑が広がっていた。

1　森林地帯を走る（2002年8月）

2　阿里山から見た玉山山脈（同）
右手が主峰の玉山（台湾の最高峰3952m）。

3　亜熱帯の植生（同）

4　水田地帯が広がる（同）

## 11　世界遺産——岐阜県白川郷・富山県五箇山の合掌集落，北海道・知床，中国・雲南省麗江，オーストラリア・ウルルとカタ・ジュタ

　世界遺産とは，1972年の第17回ユネスコ（国際連合教育科学文化機関）総会で採択された「世界の文化遺産及び自然遺産の保護に関する条約」（世界遺産条約）により，登録された「人類共通の宝物」である。その趣旨を理解し，紛争や開発，自然環境の破壊などから大切に守り，次世代へ残してゆくことを通じて，地球環境を守り，人類の相互理解と平和な世界を目指すことつながっている。世界遺産は，文化遺産，自然遺産，複合遺産の3つに分類されている。日本は1992年に条約に加盟し，1993年初めて4件が登録され，2011年8月現在では登録数は16件（文化遺産12，自然遺産4）である。条約加盟国は国際的な協力のもと保護・保全が義務づけられている。

　世界遺産の多くは有名な観光地であり，また，世界遺産によりあらたに注目され，多くの観光客が訪れる場所でもある。観光客の増加が「危機遺産」リストの原因になっている遺産も少なくない。

### (1) 白川郷・五箇山

　岐阜県大野郡白川村荻町（白川郷）・富山県南砺市相倉と菅沼（五箇山）の合掌集落群は，1995年に世界文化遺産登録された。登録された伝統的な合掌造りの家屋は，荻町集落59棟，相倉集落20棟，菅沼集落9棟である。白山の東側，庄川流域に位置するこの地方は，日本有数の多雪地帯で厳しい生活環境であり，かつては周辺地域と隔絶されていた。茅葺き大屋根は，積雪を防ぐために45～60度の急傾斜をもつ。家屋の構造は3～5階建てで規模が大きい。

　山間部の狭小な農地の分散を避けるための大家族制や農業生産を補うために養蚕など行われ，大きな合掌家屋の屋根裏が活用された。地域固有の風土を育んできた。現在，多くの合掌家屋は民宿や飲食店，土産物店など観光関連に活用されている。ドイツの建築家ブルーノ・タウトは1930年代中頃，白川村の合掌家屋を訪ね，伊勢神宮，京都の桂離宮などとともにその構造物の素晴らしさとその構造の論理性を著書（『日本美の再発見』岩波書店）で絶賛している。観光客の激増が地域住民の生活を大きく支えている反面，また観光による問題もある。

1　白川村荻町の合掌家屋
（2002年8月）

3 雪に閉ざされた五箇山・菅沼の合掌集落（1991年2月）

2 冬の白川村の中心部（同）

### (2) 知　床（北海道）

　知床は，アイヌ語では「シレトク」と言われ，地山の先，地山の突き出た所を意味する。北海道北東部にある知床は，長さ約70km，幅約25kmの半島である。半島中央部には1200～1600mの知床連山が貫いている。オホーツク海側のウトロ側と根室海峡に面した羅臼側では地形や気候が大きく異なり，そのため植生は多彩である。豊かな原生林，湖沼や湿原，滝など自然景観に富む。とくにオホーツク側は最も低緯度での季節海氷域である。イギリスのナショナル・トラストを手本にした「知床100㎡運動」や環境保護と観光を両立したエコツーリズムの実践は，先駆的であり全国的に注目された。切り立った海岸地形と高山地形，流氷，知床5湖，植生の自然景観などは観光資源にもなっている。1964年，国立公園になり，2005年には世界自然遺産に登録された。

4 オホーツク海の知床海岸（1968年8月）
海食崖の海岸地形が続く。

6 海上から見た羅臼岳

5 火山活動によってできた知床五湖（1968年8月）

### (3) 中国雲南省・麗江（リーチァン）

　中国南西部雲南省に位置する麗江は，12世紀の宋代末に納西族（ナシ）によって築かれた都市であり，交通の要衝として発展した。旧市街には縦横に張り巡らされた水路，石畳の道，2階建ての木造建築と瓦屋根の町並み，壁画が残る独特な都市景観，さらに今日でも使われる世界でも珍しい生きた絵文字である東巴（トンバ）文字が残されている。1996年の地震災害により甚大な被害を受けたが，いち早く復興修復された旧市街は，1997年に世界文化遺産に登録された。

7 水路と石畳の街
（2000年8月）

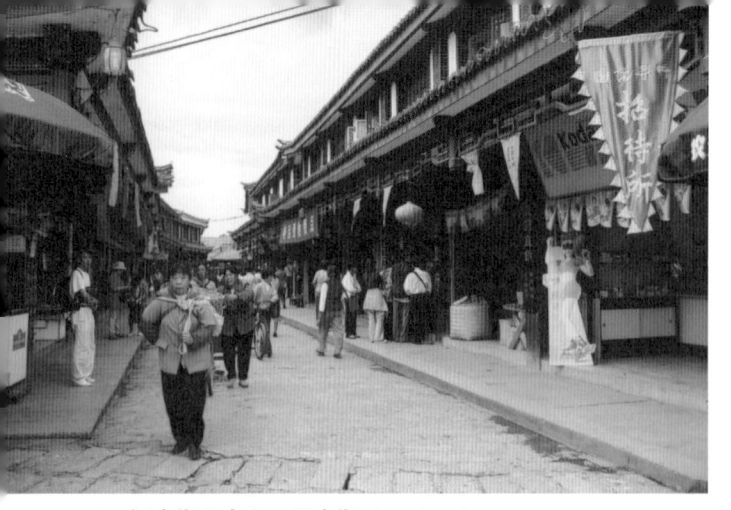

8 旧市街の中心・四方街 (2000年8月) 　　9 瓦屋根が美しい旧市街 (同)

### (4) ウルルとカタ・ジュタ国立公園 (オーストラリア)

　オーストラリアのほぼ中央部の乾燥地域にある高さ348m，周囲9kmの一枚岩であるウルル山(エアーズロック　海抜867m)とその近くにある大小36個の巨石群のカタ・ジュタ山は，およそ6億年前の造山運動と地殻変動により，海底の堆積層が隆起し風化と侵食から取り残された部分の地形である。世界的な観光地である。ウルル山は先住民アボリジニ(アナング族)の聖地であり，約1万年以上前に描かれた狩猟方法，神話や伝承を描いた岩壁画が数多く残され，アボリジニの歴史を伝える貴重な資料となっている。1987年に世界自然遺産に登録され，1994年に世界複合遺産に拡大された。オルガ山ともよばれるカタ・ジュタ山は地質が柔らかく，風化が進んでいる。

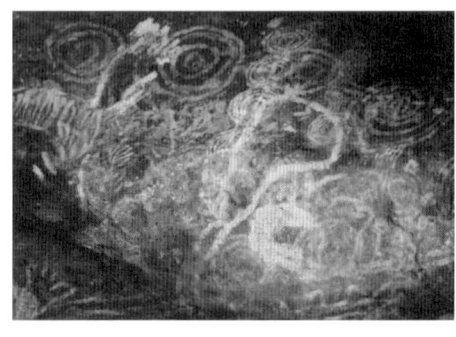

11 ウルル山の洞窟内の岩壁画 (同)

10 先住民アボリジニの聖地ウルル山 (1992年12月)

12 カタ・ジュタ山 (同)

## 12　環境保全1　ナショナル・トラスト――イギリス湖水地方と和歌山県田辺湾の天神崎

### (1) イギリス湖水地方

イギリスにおいて1895年に設立された民間非営利団体ナショナル・トラストの正式名称は,「歴史的名所や自然的景勝地のためのナショナル・トラスト」である。略してナショナル・トラストと呼ばれる。自然や町並みや歴史的建造物など国民の財産として次世代へ引き継ぐ目的で,そのためには所有権や法的・経済的な問題により維持が困難なものを守る運動をする組織である。

イングランド北西部に位置するイギリス湖水地方は,ナショナル・トラストの発祥地である。地域にはU字谷やカールなど氷河時代の痕跡が残り,大小の多くの湖沼が点在している。さらに石垣などに囲まれた牧場が広がる。この石垣は羊が逃げ出さないようにつくられた。イギリス湖水地方は,素晴らしい環境を求めて国内外から多くの人びとが訪れる,リゾート地・保養地である。

1　湖水地方のウィンダーミア湖 (1994年8月)　　2　湖水地方の羊の放牧 (同)

### (2) 和歌山県・天神崎

日本のナショナル・トラスト運動は,1970年中頃から後半にかけ,北海道知床半島や和歌山県天神崎の運動を契機にして活発になる。1983年にナショナル・トラストを進める全国の会が天神崎のある田辺市で開催された。(財)「天神崎の自然を大切にする会」は,1987年に全国初の自然環境保全法人に認定され,日本におけるナショナル・トラスト運動の本格的な始まりとされる。田辺湾にある天神崎周辺は,約21haの広大な岩礁海岸で平坦な海食台が広がる。天神崎は満潮時には小島になり,干潮時には陸続きになる。岩礁海岸には多様な植物群落があり,内陸側は岩の多い山林となっている。遠足やリクレーションの場になっている。この岬は別荘地としての開発計画(1974年)に対する反対運動により環境を守ったことで全国的に知られた。

3　干潮時の天神崎 (1992年2月)

## 13　環境保全2——里山(愛知県瀬戸市海上の森)と干潟(名古屋港藤前干潟)

### (1) 愛知県瀬戸市海上の森(里山)

　里山と干潟は，一見，何の変哲もない景観のように映るが，実は豊かな環境である。現代社会の貴重な忘れ物であったのではないか。かつてはごくありふれた人里で，古くから日本の農村の集落の近くには，田や畑と一体になった雑木林や小さな森が多く見られた。これが「里山」である。

　海上の森は，瀬戸市の南端に位置し，尾張と三河の国境の地である。1997年に愛知万博(2005年)のメイン会場予定地となった海上の森は，大都市周辺の里山として関心が急速に高まり，環境保護市民団体の反対運動により，会場予定地が大幅に再検討された。このことが契機となり環境万博として再スタートした。

**1　瀬戸市海上の森**
(2007年7月)

### (2) 名古屋港藤前干潟

　名古屋市ゴミ埋立処分予定地の再生として知られる藤前干潟は，名古屋港西部地域に広がり，全国有数の大都市港湾に残された貴重な干潟である。周辺地域は1950年から70年にかけて名古屋港臨海工業開発のため相次いで埋め立てられ，偶然にも藤前干潟が残ったのである。しかし，その後，1981年，名古屋港港湾計画の中で，ゴミ搬入予定地として公表された。これが問題の発端となり，「藤前干潟を守る会」は署名活動などを通じて，埋立反対の運動を繰り広げた。増大する大都市のゴミ処分問題と干潟保全との厳しい対立と重い選択が環境庁の決断により決着し，藤前干潟は保全されることになった。2002年にラムサール条約(正式名称：特に水鳥の生息地として国際的に重要な湿地に関する条約)に登録された。

**2　名古屋港藤前干潟**
(1993年2月)

## 14 環境問題—産業廃棄物不法廃棄(香川県豊島)とエコタウン(香川県直島)

### (1)産業廃棄物不法廃棄(香川県豊島)

　香川県にある瀬戸内海の豊島は，産業廃棄物の不法放棄いわゆる産廃問題の島として，全国的にその動向が注目された。公害と産業廃棄物問題は，加害と被害の構図で大きく異なる。前者では加害者と被害者は同一地域であるのに対し，後者では被害者(被害地域)は明確であるが，加害者は眼に見えない。両者にはつまり加害と被害の構図に明確なズレがある。

　1990年11月に明らかになった産業廃棄物不法投棄事件いわゆる豊島事件の廃棄物処理の実施と現状回復をめぐって，無害化処理の実施に際しての三原則は，①安全性(第二次被害を出さない)，②確実性(安定した処理技術)，③住民関与(住民参加，情報公開を原則とした処理の実施)である。

1　港の集落前の横断幕(1994年4月)

2　豊島の産業廃棄物不法廃棄の現場(同)

### (2)エコタウン(香川県直島)

　近年，アートの島として注目を集めている直島は，豊島の廃棄物などの中間処理施設の建設を契機として，循環型社会のモデル地域を目指す「エコアイランド直島プラン」が，2002年3月に国から承認された。リサイクル産業の創出によるまちづくりを進め，地域の活性化を目指す。エコタウン事業は1997年に創設された制度で，ゼロ・エミッション構想を地域の環境調和型の経済社会形成のための基本構想として位置づけ，併せて地域振興の基軸として推進する。エコタウン承認地域の類型として，①臨海部工業コンビナート，②広域的な廃棄物処理・リサイクルへの取り組みを目指した地域，③旧炭鉱・鉱山地域の地域振興策として浮上した地域，④経済的に低迷する地域の振興策としての4類型がある。

3　三菱マテリアルの工場のスローガン(2003年9月)

4　三菱マテリアルの直島精錬所(同)

## 15　コリアタウン——大阪市生野区御幸商店街

　全国で最も多くの在日韓国・朝鮮人(以下「在日」と略)が大阪市に居住し，その多くは生野区に集住している。大阪の「在日」の歴史は明治時代から始まり，10万人を超えるのは1932年，満州事変の翌年である。戦争が拡大した10年後には41万人になり，敗戦時には45万人に達した。その急増は軍需産業強化の労働力を補充するためである。

　古い歴史をもつ生野区の猪飼野(いかいの)と呼ばれる地区には，古代，百済(くだら)からの渡来人が多く居住していた。この地域周辺は百済に関連する地名も多く残っている。この地を南から北に流れる旧平野川は，百済川とも呼ばれた。第一次世界大戦の頃，大阪は，「東洋のマンチェスター」といわれるほど，工業が著しく発達する。当時，湿地帯が広がる農村の猪飼野の安価な土地に工場が進出した。平野川の改修に多くの朝鮮人労働者が集まり，人口が急増した。1910年，朝鮮半島の植民地化後の1923年に大阪と済州島に直接航路が開かれて以降，渡航者が急増しその約2割が済州島出身者である。現在，生野区の人口の約2割は外国人であり，その多くは「在日」である。1973年，歴史的な由緒ある猪飼野の地名は，新住所表示の施行により，鶴橋，桃谷，中川に変更された

　1993年，生野区の御幸商店街の東西に大きなコリアゲートが建てられ，街は「コリアタウン」と呼ばれるようになった。500mの商店街の両側には120店舗ある。「在日」の文化を活かした街づくりを，全体の約4割を占める日本人商店ととともに行っている。近年，観光客も多く，修学旅行生も見学に来る。

1　御幸商店街の百済門　(2004年1月)

2　異文化ふれあいの家　(同)

3　キムチを売る店　(同)

## 16　都市近郊の林業と都市農業──京都の北山杉と伝統野菜（加茂茄子）

### （1）北山杉

　京都市北西部の中川周辺では，銘木「北山杉」の産地が清滝川の両岸の山腹にひろがる。集落は周山街道筋にある。北山の林業の歴史は古く，とくに室町時代の茶室や数寄屋の建築用材として使用され，需要と生産技術の高まりで生産は増大した。苗木づくり，枝打ち，粗皮むき，背割り，乾燥，磨きなど，多くの労力を要する集約的林業である。生育期間は約30〜50年間である。枝打ちされた杉の梢は，冬の花であると表現した川端康成の名作『古都』の舞台にもなり，1963年に映画「古都」のロケが行われた。北山杉は林業景観として重要文化的景観に指定されている。

　1969年1月の訪問時は，多くの北山杉の丸太が集落内に見られたが，2011年1月にはその光景もあまり見られなかった。北山丸太の売り上げ本数の推移は，1979年の37,109本から1988年には86,617本と10年間で2.3倍に急増したが，1996年の78,548本から2009年には13,595本と6分の1になり大幅に減少した。近年，住宅事情や輸入木材におされ生産・販売は減少している。

1　北山杉の山林（1990年1月）

2　北山杉の丸太磨き（1969年1月）

3　活気が少なくなった北山丸太の置き場（2011年1月）

## (2) 京の伝統野菜(加茂茄子)

　近年，各地で伝統野菜が見直されている。京の伝統野菜が定義づけられ，34品種が定められている。「京の特定野菜」や「京野菜」と「京の伝統野菜」の違いは，前者2つは「京都らしさを含んだ，京都を代表する野菜」という意味で，特定な決まりはなく比較的自由に呼ばれている。1987年に定義された「京の伝統野菜」は，「京都」，「古さ」，「野菜」の範囲で決められた。京都府下全域も対象。古さの範囲は，明治以前に京都で栽培されていた歴史的重みを重視。野菜の指定範囲も限定された。さらに1988年度から京都府農産物ブランド推進の事業が始まった。一定の品質をクリアした伝統野菜にブランド認証マークがつけられた。生産規模の拡大や流通販売の強化など実施し，全国的に出荷され順調に伸びている。

**4　京都市上賀茂地域のハウス栽培**（2002年7月）
都市化の進行する住宅地と混在する都市農業環境。比叡山が遠望できる。

**5　ハウス内の加茂茄子**（同）

## 17　高冷地農業——岐阜県ひるがの高原（岐阜県郡上市＝旧高鷲村）

　ひるがの高原は岐阜県奥美濃に広がり，明治以前まで美濃と飛騨の国境に位置し，古来より濃飛の交通の要路であった。国道156号沿いには分水嶺公園があり，この地は長良川と庄川の分岐点をなし，それぞれ川は伊勢湾と富山湾へと流れる。明治中頃をピークとして山地養蚕が次第に衰退し，生活難から北海道の開拓地に移住がはじまる。さらには1940年には国策の満州（中国東北部）開拓団として村を離れた人々も少なくなかった。戦後になり復員および戦災者が，ひるがの高原とその周辺に入植したが，経営不振から離農者も多かった。

　高度経済成長期の過疎化が進行しつつある時期に，「三白産業」が村を大きく変え，暮らしを支えた。三白とはスキー，大根，牛乳のことである。蛭ヶ野開拓地では高原野菜の夏大根栽培が行われ，「ひるがの大根」のブランドで主に阪神，東海，北陸にも多く出荷される。上野開拓地では農業経営の安定化を図るために酪農を導入した。ひるがの高原は観光と別荘地の開発も進行し，東海地方有数の高原リゾート地の性格を有している。

1　高原大根の栽培（1997年8月）

2　トルコキキョウの花卉栽培（同）

3　酪農業（同）

## 18　景観と景観法──滋賀県近江八幡の八幡堀と町並み・水郷地帯（景観法による指定第1号）

**歴史的景観と水郷地帯**　近江八幡市は琵琶湖の東岸に位置し，豊臣秀吉の甥にあたる豊臣秀次が1585年に築城した八幡城が歴史的な核である。近江商人が集まる城下町の歴史を有している。琵琶湖と街の中心部を繋ぐ人工河川であり水運で賑わった八幡堀は，高度経済成長期には環境が悪化し埋立計画が持ち上がった。これに反対する市民が立ち上がり，反対修景保存運動に発展し，情緒ある水景に再生された。1991年には重要伝統的建造物保存地区に指定された。

　2004年に景観法が制定され，市では2005年3月には独自に風景づくり条例を制定した。同年7月には景観法に基づく景観計画の全国第1号となる「水郷風景計画」を制定した。さらに2006年1月には近江八幡の水郷風景が，文化財保護法に基づく「重要文化的景観」に全国で最初に選定された。写真1～3は八幡堀と水郷とその周辺の歴史的な町並みの景観である。文化的景観とは地域の風土と人々の営みが融合して形成された景観である。近江八幡市は，景観は地域における最優先すべきインフラであるとの認識で，景観づくりを多面的に実践している。

1　近江八幡のシンボル・八幡堀（2002年12月）

2　水郷地帯（同）

3　整然と区画された歴史的な町並み（同）

## 19 過疎地帯──奈良県十津川村

　奈良県南部の熊野川水系の十津川流域は，道路の改修まで陸の孤島と呼ばれてきた。十津川村はその流域にあり紀伊山地の中央部に位置する。壮年期の急峻な西南日本外帯の山系の深い谷間を流れる十津川沿いに，多くの集落が立地する。昭和30年代のダム建設により林道が開発され大きく変貌。かつては豊富な木材の搬出が困難であり，南の新宮市場の支配下に置かれていた。道路の整備とともに搬出は，市況に応じて出荷先を決定できるようになった。このように流通機構の改善とダム開発地域として脚光を浴びるが，国の総合開発に村は翻弄された。温暖で多雨地帯で森林の生育には好条件であるが，急峻な地形で平地に乏しく，洪水や土砂崩れの被害を受けやすい。

　木材不況で林業に依存する経済基盤は，高度経済成長期に急速に弱まり，過疎化は進行した。人口は1960年をピークに急速に減少し1970年にはほぼ半減し，さらに1970年から2010年の40年間に8502人から4112人に約半減した。1974年にはじめて訪問したころは，まさに短期間で人口が激減し過疎化が急速に進行した時期であった。

1　深い谷間を流れる十津川（1974年3月）

2　急斜面地に家屋が広がる（同）

3　村の景観（同）

4　村の中心地（同）

## 20 愛知用水——「木曽川の水を知多半島へ」の願い

　長年の「木曽川の水を知多半島へ」の願いを担った愛知用水は，全国初の大規模総合開発事業で世界銀行から資金援助を，アメリカから技術援助を受け建設工事が開始された。

　5年の短期間で1961年に夢の用水が完成した。2011年9月30日に通水開始から50周年を迎えた。建設された当時の愛知用水の水瓶は，木曽川の源流部にあたる御嶽山(3067m)の水を集める牧尾ダム(長野県王滝村ほか)である。用水に使用される水は，このダムから約120kmを下る兼山取水口(岐阜県八百津町)である。その後，水瓶として味噌川ダム(長野県木祖村)，阿木川ダム(岐阜県恵那市)が建設された。兼山取水口から濃尾平野の東部の丘陵地帯を南下し，知多半島南端まで伸びる長さ110kmの幹線水路には，5つの調整池が設けられている。

　小規模なため池に依存する干ばつ常襲地域であった知多半島では，用水完成当初は半島南部ではミカン栽培が期待され，「オレンジ用水」ともいわれた。その後，名古屋南部臨海工業地帯が発展するにつれ工業用水として，また，名古屋周辺の都市化により，上水道用水の需要が増大し，農業用水の比重が著しく減少した(1963年度と2010年度の変化では，農業用水は65％から20％，水道用水は9％から26％，工業用水は26％から54％。年間使用量は143百万㎥から454百万㎥)。半島の先端から海底管により，篠島・日間賀島・佐久島の離島にも通水され，島の生活や観光などに大きく貢献している。

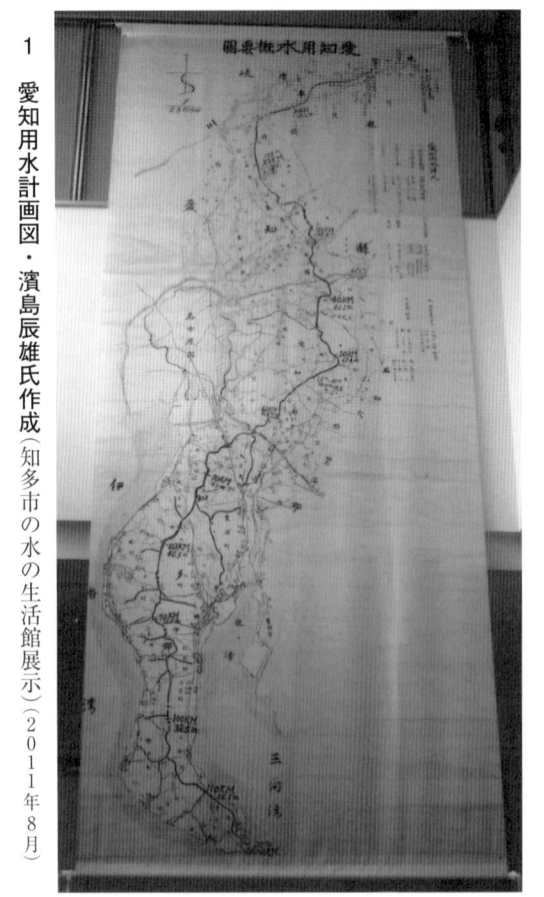

1　愛知用水計画図・濱島辰雄氏作成（知多市の水の生活館展示）(2011年8月)

2　牧尾ダム湖(長野県大滝村ほか) (2010年10月)

3　兼山取水口(岐阜県八百津町) (2011年8月)

4 高蔵寺ニュータウン内の愛知用水（愛知県春日井市）（2011年8月）

5 愛知用水調整池・愛知池（愛知県東郷町）（同）

6 知多半島南端の灌漑畑作（愛知県南知多町）（同）

## 21　リバーフロント──大阪の道頓堀・中之島と北九州小倉の紫川

### (1) 大阪の道頓堀・中之島

　道頓堀は17世紀初め安井道頓らにより開削された運河である。その後，南側は大阪ミナミの繁華街として発展する。「食い倒れ」の街大阪の中心となり，多くの人で賑わう。水上バスにより大阪の中心部の河川を巡回するため，道頓堀の大部分がリバーフロントとして整備されている。川から街を見るクルーズも行われている。また，文化財的な古い建造物が多く残る中之島周辺では，大規模な修復と一体的に河川環境を活かしたアメニティ空間が創出されている。

**2　中之島のリバーフロント**（2001年1月）
淀屋橋より東側を見る。土佐堀川の北側(左)が中之島。

**1　再生された道頓堀**（2011年8月）

### (2) 北九州市小倉の紫川

　紫川は，北九州市の都心小倉の中心を流れるシンボル的な河川である。1953年の集中豪雨により，当時の小倉市の8割が浸水の被害にあった。この河川は河口近くで急に幅が狭くなっており，下流部では水害が発生しやすい状況であった。安全で創造的な水景都市をめざして，紫川マイタウン・マイリバー整備事業を実施。事業内容は，①洪水対策，②河川環境のアメニティ空間の創出，③北九州の顔づくり，④民間と行政の協働による川に開かれたまちづくりである。事業期間は1990年度から2011年度。

**3　紫川のリバーフロント**（2010年7月）

## 22　ジオパーク——伊豆大島

　ジオパークとは，地球の活動の遺産を見所とする自然の公園である。2010年10月現在，14地域の日本ジオパークがあり，そのうち4地域が世界ジオパークに認定されている。世界ジオパークネットワークはユネスコの支援のもと2004年に設立され，2008年12月には日本のジオパークが誕生した。

　伊豆大島の火山は数万年前に海底噴火によって誕生した。それ以来，100～200年の間隔で大規模噴火を繰り返してきた。多彩な火山活動による痕跡や景観が見られる。伊豆大島は2010年9月に日本ジオパークに認定された。

**1　三原山**（1986年8月）
標高758mの火山で山頂のカルデラ内の中央火口丘。

**2　マール（伊豆大島波浮港）**（1986年8月）
歌曲「波浮の港」（野口雨情作詩，中山晋平作曲）でも知られる波浮港は，島の南端にある漁港。9世紀の火山活動により噴火口の海岸部が陥没してできたマールと呼ばれる地形。1703年の小田原地震の大津波で海と繋がる。1800年，秋広平六が崖を切り崩し，港口が広げられ現在の形になった。近世，風待ち港として賑わった。また，遠洋漁業の中継基地として栄えた。

**3　伊豆大島の地層大切断面**（1974年1月）
島の南西端の島一周道路沿いにある「バームクーヘン」のような伊豆大島の火山噴火史を物語る地層切断面が，高さ約30m，長さ約600mにわたり続く。火山灰やスコリアの降下堆積物からなり，火山研究者にはよく知られた自然遺産的な地層断面。

## 23　二つの地下水路——カッターラとマンボ

### (1) 北アフリカの地下水路カッターラ（モロッコ）

モロッコではカナートはカッターラと呼ばれる。乾燥地域の地下水路である。山麓から平地にかけてモグラのような列が伸びている。これは湧き水（地下水）やワジ（涸れ川）蒸発を防ぐため，地下トンネルで集落まで導水。穴は竪井戸の列で，昔は竪井戸を掘り，その後，底を横につないでつくった。現在は動力ポンプとパイプの使用により，ほとんど消滅し文化財的な遺構になっている。

1　地下水路・カッターラ（2011年3月）
モグラのように小さな高まりの列の下に地下水路がある。

2　カッターラの案内板（同）

### (2) 日本のマンボ（三重県鈴鹿東麓）

マンボは日本のカナートともいわれることもあるが，乾燥地帯のように水の蒸発を防ぐ地下水路ではない。マンボとは地下にトンネルを掘って地下水を導き，生活用水や農業用水に利用する水利施設のことである。竪穴を設けて横穴で掘られてつくられた。構造は乾燥地域の地下水路と似ている。鈴鹿山脈東麓にある下大久保マンボは，全長約1400mで江戸時代末期（1860年頃）に，村人たちによりつくられたものである。マンボは地形や土壌に大きく関係している。国営の三重用水事業の完成（1990年）により農業用水が確保され，マンボの役割は低下の一途である。鈴鹿東麓は，断層崖や扇状地が発達しており，水の確保に大きな障害のある地域である。三重県下では員弁郡および鈴鹿山麓に集中的に分布している。

3　鈴鹿東麓のマンボ（2008年1月）
少し盛り上がって草に覆われている。

4　下大久保マンボの竪穴（同）

## 24　プランテーション農業——スリランカの茶

　スリランカの紅茶は,「セイロンティー」の名で世界中に知られている。スリランカの茶生産量は,世界第3位(2007年),輸出は第2位(2008年)であり,各々世界の8％,17％を占める。スリランカは世界有数の茶の生産輸出国である。栽培の歴史は英領時代の1867年に始まる。しかし,茶栽培以前のプランテーションの中心はコーヒー栽培であった。大生産国のブラジルとの競争に負けたことや病害などによって壊滅状態になったため,その代替作物として茶が導入された。それ以降,茶はスリランカ最大の農作物となり,コロンボ港は茶の積み出し港として発展してきた。イギリスはおもに中央高原地帯のプランテーション農業の開発のため鉄道建設を行った。

1　茶を摘むタミール人（2010年8月）

2　タラワケレ駅のホームに茶を運ぶ人（同）

3　製茶工場（同）

4　タラワケレ駅に入ってきた貨客混在列車（同）

5　茶園のなかのタミール人集落（同）

# 7 景観と写真
## ——多彩な景観・風土を捉える——

## 1　日本の自然景観

　日本列島の自然環境は実に変化に富んでいる。特徴のある景観を如何に写真に切りとるかは，撮影者の視点で決まる。同時に全体と細部の両面から自然景観の特色を，どのように読みとるかがポイントになる。

**1　石川県能登西海岸(羽咋近辺)の偏形樹**（1995年10月）
冬季の北西の季節風の影響。偏形される方向で卓越風の様子が把握できる。

**2　リアス式海岸(長崎県対馬・浅茅湾)**（1995年12月）
上見坂展望台から見た浅茅湾のリアス式海岸。対馬は北側の下島と南側の上島に大きく分かれる。この2つの島の間に西側から浅茅湾が入り込んでいる。

**3　立山のカール(富山県)**（2003年10月）
北アルプス立山の北西側によく発達し，最終氷期に形成された。国の天然記念物。山崎直方の氷河地形研究の業績を記念して「山崎カール」と命名された。山崎直方(1870〜1929)は東京大学理学部地理学教室(1920年開設)の初代の教授。

**4 沖縄本島本部海岸の珊瑚地形**（2008年2月）

美しい備瀬海岸には琉球石灰岩（100万年前にできた粗・多孔質で軽い）、ビーチロック（海岸の礫や砂が炭酸カルシウムによって固結されたもの）、波食地形ノッチなど多くの珊瑚地形が見られる。

**5 三浦半島荒崎の隆起波食台**（1980年6月）

シルト岩が露出し海波の浸食によって形成された地形で、関東大地震（1923年）による隆起も受けた隆起海食台である。

**6 渥美半島表浜の海食崖**（2008年12月）

高松付近から見た海食崖。渥美半島の太平洋側には遠州灘に伸びる片浜十三里といわれる標高20〜80mの海食崖が続く。渥美半島は、渥美曲隆運動により遠州灘に面する側が高い。

**7 三宅島の熔岩流**（2005年7月）

1983年の火山噴火による溶岩流で、温泉・観光集落である阿古集落の約400戸の民家が埋もれた。その後、集落の多くの人びとは、この地を離れて移動した。

**8 先行河川（吉野川の大歩危の峡谷）**（2007年6月）

地殻変動により流路が隆起する地盤を横切る際に、隆起の速さに比べて河川の下方侵食がまさり、以前の流路を維持している河川である。

## 9　ポットホール（飛水峡・岐阜県七宗町）

飛騨川（木曽川の支流）の飛水峡にはポットホール群が見られる。ポットホールは，河床や河岸の岩盤にほぼ円形の口をした穴。水流により礫が渦巻き状に岩石を掘って形成される。1961年に国の天然記念物に指定された。（1974年8月）

## 10　カルデラ（東京都・青ヶ島）（2001年8月）

伊豆諸島南端の青ヶ島中央部には，みごとなカルデラがある。島の周囲は外輪山の急斜面で，港への船の接岸は大変である。（p.17の(2)—2参照）

## 12　阪神淡路大震災の地震災害（六甲アイランド）（1995年2月）

埋立造成された海上都市・六甲アイランドの港湾地区の被害状況である。地上部は液状化現象が見られた。

## 11　カルスト台地（山口県秋吉台）（2005年10月）

日本最大のカルスト台地である秋吉台は，山口県美祢市中東部に位置し，台地面の標高は180〜420mである。海溝内に埋もれた珊瑚礁であった部分が，現在のカルスト台地の基層となる。特別天然記念物に指定。

## 13　「日本ライン」（木曽川，愛知県犬山市）

木曽川の美濃加茂市太田橋から下流の犬山城までの約13km間を，地理学者の志賀重昂は，ドイツのライン川の風景に似ているとして「日本ライン」と名付けた。風光明媚で「ライン下り」として知られる。（2008年5月）

## 14　多雪地帯の雪崩（富山県庄川流域）

急斜面の積雪の雪崩現象である。雪崩や土砂崩れの災害危険地域である。（1991年2月）

## 2 世界の自然景観

　世界の自然景観は，スケールの差が大きく非常に多様である。一見，何の変哲もない景観もよく注意すれば，地形・気候などの自然的特色を捉えることができよう。

**15　マウントクックの氷河（ニュージーランド南島）**（2003年8月）
ニュージーランド南島の北東から南西に連なるサザンアルプスの秀峰マウントクック（3764m）は，温帯圏にはめずらしく巨大な氷河に覆われている。近年，温暖化により縮小しつつある。

**16　カナディアン・ロッキーの氷河湖（ペイト湖）とU字谷**
世界で3番目に古いカナダのバンフ国立公園地域にある。
氷河湖と後方には見事なU字谷。　　　　　　　（1995年8月）

**17　ナイアガラ瀑布**（同）
東側のカナダ滝（高さ48m，幅650m）と西側のアメリカ滝（高さ48m，幅300m）の二つにわかれるナイアガラの滝は，五大湖のエリー湖からオンタリオ湖へ流れるナイアガラ川のほぼ中間点にある。カナダ最大の大都市トロントからも交通至便で，国内外から訪れる観光客が多い。エリー湖とオンタリオ湖との落差は約100mあるため滝ができた。約1万年前に形成された滝は，この地域は氷河期の影響をうけている。その後の浸食により約11km上流に後退した。アメリカ合衆国とカナダ両政府が共同で美観保護に努めている。水力発電の水量なども規制されている。

7　景観と写真

**18 ロフォーテン諸島のトロールフィヨルド（ノルウェー）**（1999年7月）
ノルウェーの海岸には氷河地形のフィヨルドが発達している。このトロールフィヨルドをロフォーテン諸島の中心地スヴォルバルの港から乗船して見学した。フィヨルド周辺はタラ好漁場である。

**19 ハレマウマウ・クレーター（ハワイ島）**（1997年7月）
ハワイ島南東部に広がるキラウエア火山（標高1243m）には直径約900m，深さ約85mのカルデラ火口がある。火山の地域研究施設であるジャガー博物館の前からパノラマの景観が広がる。世界の代表的な活火山であるマウナ・ロア山（標高4169m）とともに，「ハワイ火山国立公園」の名で世界自然遺産に登録されている。

**20 断層崖—ニュージーランドの北島の南西海岸地形**
首都ウエリントン近辺の海成段丘海岸。　　　　（2003年8月）

**21 タンクバン・プラフ山火口（ジャワ島）**（2008年8月）
山麓には熱帯の高原の大都市バンドン市街が広がる。タンクバン・プラフ山（2084m）の火口（1800m）の周辺は土産物店が立ち並び賑わう。

**22 サハラ砂漠（モロッコ）**（2011年3月）
サハラ砂漠はアラビア語で「平坦な砂漠」を意味する。アフリカ北部に広がり，東西約4000km，南北1500〜1800km，面積は860万km²（日本国土の約23倍）の世界最大の砂漠である。平均標高は300m前後である。その70％は礫砂漠（レグ）で砂砂漠（エルグ）は少ない。岩石砂漠（ハマダ）も見られる。

**23 スマトラ島（インドネシア）の熱帯雨林**（2007年8月）
スマトラ中部の山麓は熱帯林の宝庫であったが，商業的な伐採や平坦部のゴムやアブラヤシの栽培などにより大規模な伐採が進み，森林面積が急速に縮小している。

**24 ミャンマー・シャン高原のチーク林**（1998年8月）
ミャンマーは林業国でもある。シャン高原にはチークの林が道路脇に続いている。チーク材は経済的価値が高いので商業的に伐採され，森林資源が急速に減少している。

**25 道路脇のシラスの崖（スマトラ島）**
シラスの崖の間を道路が通じている。シラスはおもに火砕流堆積物さらに火山灰からなる。雨が降ると道路はぬかるみ交通障害にもなる。 （2007年8月）

**26 オランダの海岸砂丘（ハーレム近郊）**（2005年8月）
オランダの中・北西部は偏西風と沿岸流により海岸砂丘が発達している。

**27 パムッカレ（トルコ）の石灰棚**（2010年3月）
石灰台地に流れる石灰水の温泉が造った地形。トルコ有数の温泉保養地。「パムッカレ」とはトルコ語で「綿の宮殿」を意味する。アナトリア高原のこの周辺は，良質の綿花の一大生産地である。この奇観は世界遺産。

**28 中国雲南省昆明近郊の石林（カルスト地形）**（2008年8月）
雲南省の省都・昆明から南東約100kmのところに一大景勝地の石林風景区がある。この辺りはもともと海であった。石林は約2億8千万年まえに地殻変動により，陸化，隆起した熱帯カルスト地形である。大きな奇岩は結晶化度の固い部分が残ってできたものである。

## 3　日本の文化景観

　日本列島の文化景観の中にも多様な自然的要素が潜んでいることが少なくない。風土的な観点から，文化景観を読写すれば内容の深みが把握できよう。また，ポイントになる中心的な特色を捉えることが重要である。

**1　沖縄県波照間島の福木と石垣に囲まれた家屋**（1997年12月）
日本最南端の島である波照間島の集落の家屋は，石垣と大きな福木に囲まれている。おもに強風対策であり気候景観を呈している。

**2　沖縄・久高島の家屋**（2008年2月）
琉球神話の聖地として知られる久高島は，沖縄本島南東端の知念岬東海上5.3kmに位置する。家屋の正面以外のまわりは屋敷林に囲まれている。家屋正面の門と母屋の間にはヒンプンと呼ばれる屏風状の石の塀がある。その機能は目隠しだけではなく，悪霊を防ぐという役割を担っている。

**3　能登外浦の間垣**（1977年8月）
石川県奥能登の外浦では日本海の冬の厳しい季節風（風雪）から，家屋を守るために高さ4mほどの間垣が設けられている。

**4 富山県砺波平野の屋敷林**（2002年8月）
散村が広がる砺波平野には，家屋はカイニョと呼ばれる屋敷林に囲まれている。特に冬の強風や降雪の吹き込みを防ぎ，春から夏にかけての山越えのフェーン現象対策，夏の暑さや冬の寒さを和らげるなど地域の生活環境が反映している。富山県や砺波市は，屋敷林を保全するための取り組みを始めている。

**5 女木島(鬼ヶ島，香川県)のオーテ(防風石垣)**
瀬戸内海の香川県高松から近い鬼ヶ島とも呼ばれる女木島では，冬になると島の人びとがオトシと呼んでいる季節風が山頂に当たり，方向を変えて吹きおろしてくる。海岸沿いの家屋は波しぶきをかぶり，さらに霧状となった海水が集落の中にまで入ってくる。これを防ぐために，屋根の高さほどに石垣を築いた。これをオーテという。
（1988年8月）

**6 豊川の霞堤**（2008年11月）
霞堤は堤の配置から鎧堤ともいわれる。堤防の数カ所に切れ目をつくり，河川の水位が増すと，その切れ目から堤防内に水を入れて，広い田や畑に誘水し，一次的に水を溜め，川の水位が下がった時に減水させるようにした。1965年に豊川放水路がつくられ，霞堤としての役割を終えたこの堤防は，現在二線堤防として管理され，洪水被害の拡大防止の役割を果たしている。

**7 伊根の舟屋(丹後半島東岸，京都府)**（1981年10月）
伊根集落のある伊根湾は，ブリの好漁場として江戸時代から知られる。海に面した1階（階下）に舟を入れる「舟屋」（舟倉ともいう）をもつ家屋が並んでいる。近年，伊根湾をめぐる観光船が就航している。舟屋は江戸時代中期頃から建てられ，2000年現在では238棟が確認されている。舟屋が集中する伊根浦は，漁村では全国で初めて国の重要伝統的建造物群保存地区に選定されている。

**8 四日市石油化学コンビナート**（2000年10月）
1941年以降，四日市港の南に海軍燃料廠が設置されたが，戦後，昭和四日市石油に払い下げられ，第1(塩浜)コンビナート，その後，港北側に第2(午起)コンビナート，第3(霞ヶ浦)コンビナートが造成。1974年にまでにほぼ完成。高度経済成長期の大気汚染により，「四日市ぜんそく」公害が発生。四日市港ポートビル展望室より。

**9 船頭平閘門（愛知県）**（2004年8月）
明治の木曽三川分流の治水工事により自由な舟運が困難となり，そのため木曽川と長良川を往来できるように閘門が設けられた。オランダのデレーケの設計により1902年に完成。閘門は長さ33.6m，幅4.9m，高さ7m。現在は漁船などの通航のため使用されている。

**10 隅田川の水上バスと建設中のスカイツリー**
吾妻橋付近から見る隅田川とその対岸。水上バスが行く。河岸には高速道路が走り，対岸に建設中のスカイツリーが聳える。　（2011年2月）

**11 熊野古道（大門坂の石畳）**（1997年8月）
「紀伊山地の霊場と参詣道」として，日本の宗教文化の歴史を刻む文化的景観では，日本で初めて2004年に世界遺産に登録された。大門坂は那智山に向かう参詣道にある。国の史跡に指定されている。那智山の大門跡まで杉並木（和歌山県天然記念物）が続く。古道には鎌倉時代に敷かれた石畳がある。

**12 アイヌコタン（阿寒湖畔）**（2008年2月）
北海道最大のアイヌコタン。国立公園の湖畔の温泉街にあり，コタンには個性ある約30の民芸品店が並ぶ。アイヌ古式舞踊が行われ，道内唯一の国の重要無形民俗文化財に指定されており，観光スポットにもなっている。因みに「アイヌ」は人間，「コタン」は集落を意味するアイヌ語である。

### 13　能登輪島白米の千枚田（棚田）（1990年10月）

世界農業遺産（世界重要農業資産システム）は，国連食糧農業機関（FAO）が2002年から開始したプロジェクト。次世代に継承すべき農法や生物多様性などを持つ地域の保存を目指す。能登半島と佐渡島は国内第1号で先進国では初の認定である（2011年）。能登半島の地滑り地帯を棚田として活用し，水田耕作を行う千枚田が特に注目された。単なる保存ではなく，人の営みや働きかけが前提で重視された。

### 14　長良川河口堰（2004年8月）

建設目的は，治水（塩水の遡上を防止することにより，長良川の浚渫を可能にして河水を安全に流下させる）と利水（水道用水，工業用水）対策。環境問題，水需要，さらに公共事業をめぐる問いかけなど，建設をめぐって推進派と反対派が激しく対立してきた。堰の長さ661m。1988年堰本体の工事着工，1994年に竣工，1995年7月に本格的運行開始。1998年4月に知多半島にも供水開始された。

### 15　マイマイズ井戸（東京都羽村市）（1983年7月）

JR青梅線羽村駅に隣接した五の神神社境内にある井戸。武蔵野台地は水が得にくいので，深井戸の技術が困難な時代において，水位まですり鉢状に土地を掘って歩道をつけ，水を汲み上げた。この螺旋形をカタツムリに似ていたため，「まいまいず」といわれた。おそくとも鎌倉時代にはできたといわれ，1962年に再修理し復元されている。直径約16m，底面の直径は約5m，深さは地表面から約4.3mの窪地。井戸の規模は窪地から直径約1.2m深さ5.9mである。

### 16　シラス台地と崖下まで迫る宅地化（鹿児島市）（2000年10月）

鹿児島市の中心市街周辺は，おもに火砕流堆積物さらに火山灰からなる白っぽいシラス台地が広がっている。城山公園から見た景観では，市街地はシラス台地の崖や台地上に拡大している。集中豪雨や長雨に対する災害の危惧がある。

17 大内宿(福島県,重要伝統的建造物保存地区)(2001年8月)
大内宿は福島県会津若松と日光・今市を結ぶ会津西街道の宿場である。保存地区は南北500m，東西200mの範囲。町並みの特徴は，寄棟造りの家屋が道路に面して直角に整然として並んでいる。

18 室津の港(兵庫県)(2003年5月)
瀬戸内海の東部，姫路と赤穂の間に位置し，深く入り込んだ天然の良港。奈良時代から摂播五泊のひとつで瀬戸内海航路の要衝として賑わった。江戸時代には西国大名の参勤交代の際，海路から陸路へ移る港としての機能をもち，本陣が設置された。往時の面影を今に伝える町並みが残っている。

19 瀬戸のグランドキャニオン(愛知県)(2001年1月)
瀬戸市街のすぐ近くに広大な陶土・珪砂採掘鉱山があり，露天掘りによる大きな採掘穴が見られる。直径が200〜300m，深さ約100mの巨大な穴である。採掘穴の底にはコバルトブルーの沈殿池になっている。地元では瀬戸のグランドキャニオンと呼ばれている。これも地形改変である。

20 対馬の石屋根(1995年12月)
対馬の上島の西海岸付近の椎根(しいね)地区に多くあったが，今では文化財的な建造物になっている。石屋根は火と風に強いので倉として使われてきた。

21 大垣市・水門川の船町港跡(岐阜県)(1994年3月)
水門川は大垣市から南流し，木曽三川の揖斐川に合流する運河で，1561年に大垣城主氏家直元が大垣城の外堀として開削されたといわれる。大垣地方と伊勢を結ぶ水運により，船町港は往来する貨客で賑わい，大垣地方の地域振興に大きな役割を果たしてきた。

## 22 「雪の大谷」ウォーク（富山県立山）(2002年4月)

立山黒部アルペンルートは，初心者でも楽しめる山岳観光ルートで，2011年で全線開業40周年を迎えた。長い冬は雪で閉ざされ，遅い春の訪れとともにその風物詩ともいえるのが「雪の大谷」である。この地域は多いときには高さ約20mの巨大な雪壁が約500mにわたって続く。まさにパワースポットであり，5月末までウォーキングが楽しめる。

## 23 観光スポット化する秘境駅（JR飯田線 田本駅 観光列車）

「秘境6駅探索の旅」のツアーで，JR飯田線の豊橋駅から長野県飯田市の天竜峡駅まで，専用の列車に乗車した。一月下旬の寒い日であったが，4両編成の列車は，ほぼ満席で人気があった。この田本駅（長野県）は山間の川に沿っており，非常に細長いホームの背後は急斜面である。秘境といわれる駅も近年人気が高まっている。(2011年1月)

## 24 阿波踊り（徳島市）(2011年8月)

阿波踊りは四国を代表する踊りで全国的にも知られている。8月11日から14日まで4日間，連日，中心街で行われ熱気で盛り上がる。参加型の踊りで，遠方からも多く見物する人出で大変賑わう。このイベントも観光による地域振興の性格をもっている。音の風景100選に指定。

## 25 鳴門の渦潮観光 (2011年8月)

淡路島と四国との鳴門海峡は渦潮で全国的に知られている。パワースポットして人気があり，観光船から渦潮を見学する観光客が多い。渦潮の上を跨ぐ大鳴門橋も観光資源になっている。

## 26 琵琶湖疏水・南禅寺水路閣（京都市）(2004年10月)

東山の蹴上から北白川へ向かう支線水路を引くため，南禅寺境内の谷を渡して1888年に造られた。長さ約93m，高さ20mの煉瓦造りのアーチ型の水路橋。国指定史跡。

## 4　世界の文化景観

　多様で複雑な世界の文化景観を捉える場合，多面的な視点が必要である。読写することが容易な文化景観もあるが，奥深い内容を有することも少なくない。
　変化に富む自然環境の把握も大切である。風土的視点から文化景観を総合的に捉え，特徴的な文化的要素を見いだすことが重要である。

**27　モロッコ・サハラ砂漠周辺のオアシス**（2011年3月）
アトラス山脈の南側で水の得やすい所には，オアシス農業を行う集落がある。

**28　スリランカ・アヌラーダプラ南部のドライゾーンの広大な貯水池**（2010年8月）
スリランカの北部から東部にかけての内陸部にドライゾーンが広がる。起伏が少なく平坦な地形の痩せ地には，多くの皿のような浅い貯水池（タンク）が多くある。灌漑施設であるが古代起源の貯水池はあまり機能せず，多くは王の富や権威の誇示するために造られたといわれる。

**29　スリランカ・ヌワラエリアのヒルステーション**（2010年8月）
ヒルステーションとは，アジアの植民地期の熱帯地域に西洋人が滞在する避暑地である。現在はコロニアルな建物が残り，高原の別荘地として開発されている。ヌワラエリアのヒルステーションは，1853年に建設されたインドのダージリンよりはやく1826年ごろよりイギリス総督により，保養地として開発が進められた。

**30 中国福建省の客家の土楼**（2006年8月）
土楼は黄河流域から福建省南西部や広東省東北部などに移住してきた客家が独自に生み出した建造物である。その起源は古く唐代に遡り，その後，土楼の規模も次第に大きくなる。土楼内には円形の広場と祖堂と井戸がある。1階は台所，2階は倉庫，3階は寝室に利用されている。血縁関係でまとまった共同生活をとり防衛的な機能もある。

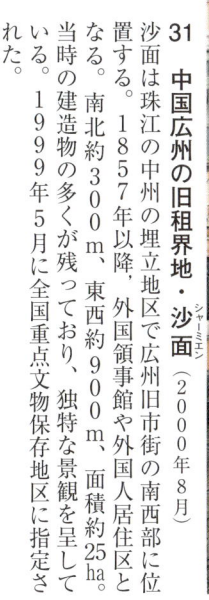

**31 中国広州の旧租界地・沙面**（2000年8月）
沙面は珠江の中州の埋立地区で広州旧市街の南西部に位置する。1857年以降，外国領事館や外国人居住区となる。南北約300m，東西約900m，面積約25ha。当時の建造物の多くが残っており，独特な景観を呈している。1999年5月に全国重点文物保存地区に指定された。

**32 雲南省周城鎮の藍染め工場**（2008年8月）
大理の名産の藍染め絞りを生産するペー族の集落である周城鎮は，大理古城から湖（洱海）の西岸を約20km北進した蒼山の山麓の湖岸近くにある。

**33 中国経済特区・深圳の中心部**（2006年8月）
深圳は広東省の省都・広州の南東部の珠江デルタ地域に位置し，南は特別行政区・香港の新界地区に接している。改革開放以降，経済特区の深圳は，労働人口が急増し，近年，著しく発展を遂げた大港湾都市である。その中心部は整然として道路も広く高層ビルが建ち並ぶ。

**34 上海の新都心**（2009年3月）
長江支流の黄浦江左岸に上海の市街地が広がっている。近年，旧中心部の対岸地区は高層ビル建設ラッシュで大きく変貌し，上海の新都市が形成されている。世界的な金融・ビジネスセンター地区に発展している。

7 景観と写真

**36　新竹科学工業団地**（2002年8月）

台北中心部から南西78km、台中へ向かう途次、躍進する電子工業が集中する台湾のハイテク産業の中核の工業団地がある。このサイエンスパークは1980年に保税工業団地として設立された。労働集約型工業から新たな技術集約型工業への移行を物語っている。

**35　カンボジアのトンレサップ湖畔の集落**（1998年8月）

大湖と呼ばれるトンレサップ湖は、カンボジアのほぼ中央部にあり、東南アジア最大の淡水湖である（琵琶湖の約4.5倍）。メコン水系の一部をなし、メコン下流の水量の調整機能を有する巨大ダムの役割を果たしている。湖面では漁業が盛んである。湖岸の家屋は、多くは杭上で増水期になると丘に移動させる家屋もある。

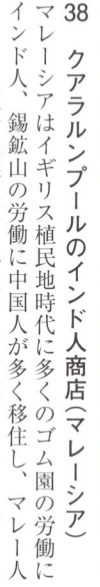

**38　クアラルンプールのインド人商店（マレーシア）**

マレーシアはイギリス植民地時代に多くのゴム園の労働にインド人、錫鉱山の労働に中国人が多く移住し、マレー人とともに複合民族国家を形成した。首都クアラルンプールには大きなインド人街や中国人街がある。（2004年8月）

**37　マレーシアのマングローブ木炭工場（タイピン近郊グアラスプタン）**

タイピン近郊グアラスプタンにある木炭生産の工場は、小さな運河に面し周辺はマングローブの林に覆われている。良質の炭は日本やオーストラリアへ輸出している。（2004年8月）

**40　マレーシアのゴム園**（2004年8月）

近年、マレーシアのゴム栽培は不振であり、農園の多くはアブラヤシに移植される。マラッカから南下しタンピンに向かう途中のゴム園。ゴムの樹液溜めがあり、2日に1回回収し、約500本の木の樹液を3時間ほどで回収するという。木の寿命は30年ぐらいで、一部は家具にも使用される。

**39　タイランド湾岸の塩田**（2010年3月）

タイの製塩はタイランド（シャム）湾沿岸と東北タイで行われている。前者は入浜式塩田で製塩は12月から4月まで行っている。バンコクから西に40分ほど走ったタイランド湾の入浜式塩田。近くにいくつかの小さな塩の直売所がある。

**41 タスマニア・ホバートのサラマンカプレース(オーストラリア)**
19世紀中頃タスマニアのホバートは,南太平洋の捕鯨の基地として発展した。当時の倉庫群などが修復されている。
(1992年8月)

**42 シドニー・ダーリングハーバー**(1992年12月)
この地域一帯はもともと貿易港であり,それに関連する港湾施設や工場が建ち並んでいた。オーストラリア建国200周年にあたる1988年に大規模再開発されたウォーターフロントである。アメニティ空間と国際会議などに使われるコンベンションセンターなどの施設もある。シドニーを代表する一大観光スポットになっている。再開発される以前は,羊毛の集散地の港湾の性格をもっていた。

**43 ワイラケイ地熱発電所(ニュージーランド北島)**
ニュージーランドの北島は火山が多く,地熱発電が行われている。中央部にはイタリアに次いで世界で2番目に開発され,1958年に第1期が完成した巨大なワイラケイ地熱発電所が立地している。
(2003年8月)

**44 シンガポール港最古のクリフォード桟橋**(2004年8月)
クリフォード桟橋は高層ビルが林立するマリーナ湾にあり,1933年に開港したシンガポール最古の桟橋である。この地がひと昔前までは貿易港として全盛期を極めていた。今はクルーズの発着地として賑わうウォーターフロントの憩いの場である。

**45 ホノルルのアロハタワー**(1997年8月)
ホノルル港の桟橋は,本格的な飛行機時代を迎える前までは,ハワイのゲートウェーとして行き交う船舶で賑わった。第2次大戦後,日本では,ハワイは憧れの対象となり,歌手 岡晴夫の「憧れのハワイ航路」は大ヒットした。港に立つアロハタワーは港のシンボルとなった。

**46　ロッテルダム（オランダ）の自転車専用道**（2005年8月）
オランダの大都市のロッテルダム中心部には自転車専用道が設置されている。

**47　ハーリングフリート締切堤防（オランダ・ロッテルダム近郊）**
ライン川とマース川は，かつては大部分がここから北海に流れ出していた。堤防は4車線の道路として使用されている。河口をダムで閉鎖することで洪水対策や水利効果をもたらした。風力発電の風車が見える。　（2005年8月）

**48　キルナ鉄鉱山（スウェーデン）**（1995年7月）
スウェーデンは石炭・石油資源に恵まれず，鉄鉱石が重要な地下資源である。その最大の鉱山が北極圏に位置するキルナである。キルナは同国の北部最大の都市でもある。採掘された鉱石は，主に不凍港であるノルウェー側のナルビクへ鉄道輸送される。スウェーデンの経済と暮らしを長年大きく支えてきた，良質なキルナの鉄鉱山も今日不振である。

**49　不凍港ナルビク港（ノルウェー）の鉄鉱石積出埠頭**
ノルウェー海の北極圏に位置し，北大西洋暖流の影響でアラスカと同じ高緯度にあるが，不凍港であるので隣国スウェーデンのキルナ鉄鉱石の輸出港として使用されている。
（1995年7月）

**50　ヘルシンキのタピオラニュータウン**（1995年7月）
タピオラはフィンランドの首都ヘルシンキ中心部から西約10kmのエスポー市にある。タピオラとは「森の神の郷」の意味をもつ。自然に密着した暮らしを目指す理想的な計画都市である。1960年代に建設が本格化しガーデンシティとして世界の注目を浴びる。商業地区はエスポー市全体の商業中心地にもなっている。

**51 ストラスブールの歴史的な町並みと運河**
フランスアルザス地方の中心都市であるストラスブールは，語源はドイツ語で「街道の街」を意味し，ライン川のフランスの河港であり，ドイツと接する国境の町である。ドイツ文化と融合し，アルザスの伝統家屋が密集する地区は，国際観光都市として人気が高い。
(2005年8月)

**52 ウィーンのリンクを走る路面電車** (1994年1月)
オーストリアの首都ウィーンのリンクを走る路面電車。リンクと呼ばれる環状道路は，ウィーンの近代化のため，1858年に旧市街を囲んでいた市壁を取り壊し堀を埋め立てて造られた。

**53 インスブルックの街（オーストリア）** (1994年12月)
アルプスの山麓の都市・インスブルックは冬季の積雪対策として，街路に面した建造物の1階を通路として使用する。

**54 EU委員会本部（ベルギー・ブリュッセル）** (2005年8月)
現在（2007年），27カ国が加盟する巨大な国際組織の本部である。ベルギーのブリュッセルは，EUの首都的性格をもつ。

**55 ドバイ（アラブ首長国連邦）の都市景観** (2010年3月)
アラビア半島のペルシア湾岸の砂漠の地が，「中東のシンガポール」といわれる中東屈指の金融センター，並びに世界都市として急速に変貌した。

7 景観と写真

56 アナトリア高原・カッパドキア周辺の集落(トルコ)（2010年3月）
カッパドキア周辺の集落は岩窟住居が多いが，近年は新しい住居が多く建てられているユルギュップ集落。

57 アイルランドの農業地帯（1994年8月）
アイルランドは泥炭地が多く広がり，開墾して造られた農地が多い。ゲール語と英語とが並記されている。

58 ロンドンのローマ城壁とロンドン塔（1994年8月）
紀元1世紀，ローマ軍が北の辺境ブリテン島を征服するため，この地に都市を建設した。ローマ軍がロンドンを守るため城壁を巡らした。この城壁内がロンドンの歴史核でありシティの起源である。ロンドン塔近くにローマ時代の遺構である城壁の一部が残っている。ロンドン塔は，1078年にウイリアム征服王がローマ軍の砦跡に築いた。悲惨な過去を証す記念塔。

# 8 地理写真再考
## ——学習者の反応を踏まえて——

　毎年，工夫しつつ地理写真を多様な視点から授業に取り入れ，多くの参考意見や貴重な学習者の反応を得てきた。とくに地理写真の感想を紹介しつつ，その学習者の反応を見つめてみたい。

## 1　高校の授業での反応

　ここに掲げる感想などの事例は，愛知県春日井市内の勤務校での授業からである。
その1　『地理B』でプリントとともにスライドを多用したカナダの地誌学習の実施後(2003年6月)，「地理と写真(スライド)」について，(1)写真の意義，(2)写真の有効性，(3)写真の限界性，(4)地理写真の四つの観点から，それぞれ学習者(3年生)に綴ってもらった。

〈写真の意義と有効性〉
①「地域についての深い知識を得ることができ，暗記でないいつまでも残るような知識ができる」
②「その土地の感じや視覚的情報を得ることができる。地理のおもしろさや興味・関心が生じてくる」
③「その国の特色を写真によって確認でき，学習後印象に残る」
④「地理の知識をイメージとともに根付けることができる」
⑤「百聞は一見にしかずである」
⑥「言葉だけでは分からないものが写真を見ることによって分かる」
⑦「学習内容が整理できる」
⑧「その場所でしか見ることができない瞬間をとらえ，保存できる」
⑨「地理というのは自分で見て体験して知るのが一番いいと思う。しかし，それには限界があるから，写真と先生の説明によってその国に少しでも近づこうとすることだと思う」
⑩「実際のものをそのまま目に通して見ることによって，より理解が深まる」
⑪「写真を使用することにより，一度に多くの視点をもつことができる」
⑫「文で読んでも分かりづらい表現が地理には沢山ある。しかし，写真と照らし合わせて見ることにより，大変分かりやすくなる。写真である程度の所までは理解可能」
⑬「写真はその一瞬を切りとることができる。また後日にもう一度見ることができ，そこからまた別の発見をすることもできる」
⑭「現地の様子を見ながら学習できるので，理解の幅が広がる」　など。
　要点のまとめ　〈地域の深い知識を得る〉，〈地理のおもしろさと興味関心〉，〈確認と印象〉，〈百聞は一見にしかず〉，〈学習内容の整理〉，〈言葉を補足できる〉，〈多くの視点〉，〈別の発見〉，〈理解の幅が広がる〉など，意義や有効性が確認できたのではないかと思われる。

〈写真の限界性〉
①「写真はレンズ以外の外側の様子を知ることができない」
②「誇張されがちである」
③「間違った先入観を与えるおそれがある」
④「撮影者と視聴者にずれが生じるおそれがある」
⑤「撮影範囲がきまっているので視野が狭くなる」
⑥「写真は地域の一部である」
⑦「写真は視覚情報しか得ることができないので，写真に表せない部分もある」
⑧「一つの場所であっても，いろんな地理の写真がある。角度によって印象も違う」
⑨「写真で撮っていないところは見えないので，誤った認識をしてしまうこともある」　など。
　要点のまとめ　〈レンズの外側の様子がない〉，〈誇張されがち〉，〈間違った先入観のおそれ〉，〈撮影者と視聴者とのズレのおそれ〉，〈撮影範囲の制約〉，〈写真は地域の一部〉など，写真の限界性をみごとに指摘している。

〈地理写真〉
①「場所の風景」
②「地理の写真での見るべき所，注目すべき所はすべてである。写真を撮る人が何を見せたかったのかを考えることも大切である」
③「写真一枚一枚はとても大切だと思う。地理の写真はただ風景を表していると思う人もいるかもしれないが，その風景に意味がある」
④「地理の写真はふつうの写真と違い，撮るときは，何を撮るのかをちゃんと目的をもって撮ることが大切である」
⑤「地理写真は記念写真ではない。そのため，その土地の特性や文化の特徴などを芸術ではないので，誇張せず正しく撮ることが必要」
⑥「あの時撮った写真と今撮った写真は必ずしも同じではなく，昔と現在の相違を見比べることができる」
⑦「地理写真によってさらに深く地理の奥深さを知ることができ，興味の幅が広がる」
⑧「一つの場所であってもいろんな地理の写真がある」　など。
　要点のまとめ　〈場所の風景〉，〈風景には意味がある〉，〈地理写真は写っているすべてである〉，〈地域の変化を捉える〉，〈記念写真ではなく土地の特性などを正確に写す〉，〈同じ場所でも多様な地理写真がある〉などが指摘されている。

その2　地理と写真について(2004年7月)
①「地理と写真を一言で述べよと言うならば，それはまさに原先生ではないですか？　地理的特徴つまり気候，住居，交通，民族，風土などは，一瞬の描写として残せる手段が写真であると思う。また，地理的特徴をとらえるうえで写真を見ることは大いに手助けとなるだろう」
②「写真を撮ることよりも，まず写真を撮りに現場に行くという行為が大切であると思う。写真とは現場で見た空気を思い出す媒介となるものだと思う。また写真はメモにもなる。見る，感じる，歩くことが大切な「地理」という科目において，写真は重要なものであることを再認識した」

③「写真は1枚の中からたくさんのことを学べる。写真から得る力は人それぞれ違うが，この力が本当の地理に対する力だと思う」
④「ある土地の風土，人，文化などを調べる場合，もっと力を発揮するのは，現地へ赴き，自分で五感を駆使して調査する方法だと言える。だが決して写真は万能の道具・手段というわけではない。なぜなら視野が限られるからである。またときとして誤った解釈が生じるかもしれない」
⑤「高校に入ってからはじめて，地理を勉強する時には，写真が重要だということがわかった。それまでは実際にその土地の写真があまりなかったので想像で考えていただけだったので，授業が楽しくなかった。とくに楽しかったのはカナダの写真で，カナダはあまり資料集にもなっていないので新鮮だった」
⑥「たとえば扇状地がどのようなものであるのか，写真を見れば形やまわりの様子までもいろいろなことも知ることができる。また野外調査をするなら，その時には気付かなかったことが，写真に写されており新しい発見ができるかもしれない」
　要点のまとめ　〈視覚分野が広がり理解が容易〉，〈一瞬の描写として残せる手段〉，〈1枚の写真の価値〉，〈写真はメモ・記録〉，〈見る，感じる，歩くことが大切な「地理」の科目では写真は重要〉，〈印象深い〉，〈写真から得る力は地理に対する力〉，〈写真での視野は限度がある〉，〈間違った解釈〉，〈写真は地理に興味を引き出す〉，〈写真で地理の理解は深まる〉など，これらの多くの指摘は，貴重で大変参考になる内容である。

## その3　主題の読みとりの事例から

〈テーマ設定と読写の事例（暮らしを見つめて）―ミャンマーの生活環境の断面から〉
　古都バガンの街角とシャン高原インレー湖近くの光景（P.17の(1)の写真参照）。
　（2000年6月―2年生対象に実施）。テーマ，キーワード，比較のまとめをいくつか掲げてみる。
《テーマ》：「ある国の庶民の暮らし方」，「発展途上国の日常風景」，「洗濯と頭上の荷物」，「人びとの私生活（女性）」，「家事労働する人たち」，「忙しい仕事」，「生活水準が上がるばかりがよいのか」，「女性の仕事」，「貧しさ」，「暮らしの知恵」など
《キーワード》：「生活様式」，「町並みを洗濯」，「女性の仕事」，「服装」，「洗濯」・「貧しさ」，「工夫」，「協力」，「人間関係」，「交流」，「生活風景」，「発展途上国」，「都市と農村」，「日々の暮らし」など。
《比較のまとめ》：「日本と比べてとても貧しい国だろう」，「どちらも女性が働いている」，「機械まかせな生活ではなく，人との触れ合い，家事の苦を少なくして生活をする人びと」，「家のことはすべて女がやる雰囲気がただよっている。でも2つとも女の人がいきいきとしていた」，「2枚とも日常生活の一部なのでどういう暮らしむきなのか少し分かった」など。

〈景観を読む1――ミャンマー・インレー湖面の景観〉（P.13の写真3とP.14の視点参照）。
①水上の村―「これは，池，湖，沼の上で野菜などを栽培しているのか。中国の奥地では水草などで積み上げて，同じような野菜の栽培を行ったり，その上で生活しているらしい。多くの細長いくいのようなものが見えるが，野菜が流されないようにしているのか。それともつる性の植物がからまったりする支柱であろうか」。
②浮き稲なのか―「ふつうの稲作にくらべて水の量が多く，稲の高さも高いので浮き稲じゃないかと思われる。浮き稲は洪水の水をそのまま使うので，夏に雨が多くある地域と考えられる。チャ

オプラヤ川付近か中国の南部じゃないかと推測してみた。小屋のある場所は，周りよりも高い位置にあるので，浮き稲に違いない」。

〈景観を読む2―森林と河川（ミャンマー）〉(P.13の写真4とP.14の視点参照)。
①乾いた土壌―「ずっと遠くまで両岸が森に挟まれた乾いた土がつづき，ところどころ雑草がはえていることから，長いこと雨が降っていない川（ワジ）なのだろうかと思った。季節は乾季だろうかと思った。」
②川の氾濫―「雨が多く川が氾濫している。堤防がない。木々が守っている。ただ木や草も流され，上流の方は様々な侵食が進み，地形が変化しているように思える。土砂は流され，水の色は茶色」。
キーワードも掲げておく。「氾濫後」「乾季」「荒れた道」「森林」「洪水」「干ばつ」「破壊」「自然」「環境」「自然を見る目」「見たこともない」など。

　自作の地理写真に対するこれらの多くの感想は，いずれもその特性について率直にまた鋭くよく表現されている。どれも手応えがあり勇気づけられる内容である。その都度，改めて地理写真の役割について再考させられてきた。また，地理写真を多様な視点から捉え，そのテーマ性や特色を把握し，さらに分析し総合することが大切である。

## 2　大学の授業での反応

　多くの授業で多面的に自作写真を活用している。授業のはじめに頃に「景観を考える」内容において，〈写真を読む〉，〈テーマ設定〉などの作業を行っている。また，〈地理学と写真〉においては，授業を振り返ってもらった。その感想文を掲げておく。手応えのある感想が多くあり，こちらの意図することが伝わったようである。

### 〈地理と写真〉（2003年12月）
　沖縄のR大学の集中講義（経済地理学特殊講義）では，経済地誌の授業を実施し，多くの自作地理写真の活用を試みた。大学院生も受講していた。授業の感想から「地理と写真」についての事例をいくつかを掲げてみる。
　①「写真は時空間すべての1コマを切り取るものである。その1コマは事実なものである。例えばある風景を写真にとった時，その写真からは写真以上の事実が読みとれる。一方，地理という学問は，空間的事象を学ぶものであるから，写真の1コマは貴重な資料として使える」
　②「今回の授業でたくさんの写真を見てさらに強く思ったが，地理を学ぶうえで写真は欠かすことができない教材である。一度も見たことがない場所ではあったならば想像するのが難しい。「写真」という視覚に訴えるものによって，より地理の認識が深まることは確実である」
　③「私は，社会科教育に所属しており，今回の原先生の授業での写真の使い方には，学ぶところが，興味ひかれるところがありました。まず，先生が「風景・景色を見ることは，地理を見ることである」みたいなことを言われましたが，写真を見ていると本当にそう感じました。写真に撮っておくということで，その場では気づかなかったことや，新たな発見，また，その場にいなかった人にも，その地（理）を紹介することができる」

④「地理教育において，写真というのは実に様々な効果を持つ。1枚の写真の雄弁性は言うまでもない。写真から考えることで，個人個人の地理観がうまれ，その多様性こそが重要なのではないだろうか」
⑤「地理において写真とは，その土地の文化・自然・人びとに触れることのできる貴重な手段である。写真を見ることでわかりやすくその土地について知ることができる。また写真という限定的な空間が，その土地への興味・関心へとつなげることができるだろう」

要点のまとめ　〈写真は時空間すべての1コマ〉，〈写真以上の事実〉，〈貴重な資料〉，〈風景・景色を見ることは地理を見ること〉，〈新たな発見〉，〈地理観が生じる〉，〈限定的な空間〉，〈想像的に解釈〉など，地理と写真の係わりの一端がよく表現されている。

### 〈写真を読む〉（2010年4月）

東海地域のM大学の人文地理学の2回目の授業において，「景観を考える」をテーマとして取り上げた。多様な景観写真から如何に「写真を読む」かについて実施した。感想の事例を掲げてみる。

①「一切のヒントなしで写真の場所から何か読みとるのは思った以上に難しかった」
②「写真一枚からでも，その土地から様々な想像が浮かび上がってくる」
③「写真1枚が私達に伝えたいことはいっぱい持っていると思った。読みとることが大切だ。風景ってすごい力を持っていますね」
④「写真1枚から読みとることと読みとれないこと。撮り方にもよる」
⑤「写真というものは，見る人間によって込められたメッセージも意味も全く変わっていくものだと分かった。風景というものがもつ影響力について考えてみたい」
⑥「写真を『見る』ではなく，『読む』ということを初めてした気がした。いろいろ考えながら見ることは新たな発見があっておもしろかった」
⑦「写真で感じたことを言葉にするのは意外とむずかしいと思いました」
⑧「写真を1枚見るだけでもわかることや感じること，疑問に思うことがけっこうあった」
⑨「風景から人びとの暮らしを読みとく，この作業がいかに楽しいことか。きょうの授業は楽しかったです」
⑩「写読の課題では，想像力や予測力が必要とされ，非常に難しい課題であった」
⑪「景観を見ることで，その場所のさまざまなことを知ることができるということが分かりました。これから風景を見るときには，その土地のことをいろいろ考えて見るようにしたいと思います」
⑫「1枚（もしくは2枚）の写真から，そこがどのような場所か想像・思考することは思いのほか難しいと感じました。自分の想像力・発想力が試されている気分になりました」
⑬「今日は写真を見てもあまり浮かぶものがなかった。ある程度の知識がないと想像力を育てることができない」
⑭「写真を見てこれが何を指すかは，イメージを養うトレーニングはとても勉強になりました」
⑮「今回の自分で写真のテーマを考えてみるということは，したことがなかったので，興味深かったです。すぐに思いつく写真もあれば，なかなか思いつかないものもありました」

要点のまとめ　〈ヒントなしでの写真の読みとりは困難〉，〈様々な想像ができる〉，〈風景の力は大きい〉，〈写真の見方は多様〉，〈新たな発見〉，〈写真は読むもの〉，〈写真から言葉の表現は困難〉，〈読写は想像力・予測力が必要〉，〈景観から土地の特色を把握〉など，写真を読む意義については要

点をよく把握している。

〈地理学と写真について〉——名古屋市内のC大学での地理学の授業から(2010年1月)

① 「地理学にとっていろいろな土地を見ることがとても重要である。その土地の景観，特色，人など実際に見ないと気づけないこともあるだろう。(略)人びとの暮らしなど，その土地の細やかな特色，風景など撮れる。(略)1つの写真を見るだけで理解できるかもしれない。また，撮った時に気付かなかったことが，写真を見直すことで見つけられるかも知れない。(略)」

② 「写真は，地域ごとの特徴の違いを見比べることや，その地域の変化などを見せてくれる。またこの講義では先生が私たちに様々な写真を見せていただいたことにより，そこに行っていない私達にも，地図ではわからないことがわかったり，そこに行きたいという気持ちを生ませることができるのだ」

③ 「その場所の景観の写真を見ることで自分の中でのイメージが大きく広がり，地理学を学びやすくなるメリットがあると考えた。一枚の写真でも，地図の読みとりとは違い正解はなく，見る人によって感じることも変わる。その人のいる立場，環境で得られる知識が変化するのはとても面白いと感じることができた」

④ 「撮影者がどういう目的でとったものかを理解する必要が地理写真ではとても重要である。一部をとっているのか全体をとっているのか，地理学的視点をバランスよくもって写真を見ていくと，新たな発見ができるのではないかと考える。写真とは，何かを追い求めていく必要があると思う」

⑤ 「写真から得られる情報はとても多くあることを学び，面白いと思いました」

⑥ 「地理学における写真はただながめるだけでは意味がない。ある程度の予備知識をもって，検証してはじめて意味をなす。授業において扱った養老地域の天井川のように，川やその堤防，周りの住宅との位置関係などを注意深く観察し，情報を読みとることが大切だ」(p.21(1)参照)

⑦ 「ふだん，何気なくとっている写真でもよく見れば，その土地の景観などがしっかりと読みとれるもの。この事から，これからは何気ない写真でも，地理というものからも見てみたいと思った」

⑧ 「地理学において，写真とは景観を知るのみならず，様々な情報を集めるために利用されている。実地調査も重要であるが，写真を活用した調査も多い(略)」

⑨ 「地理学を学ぶにあたって写真はすごく大切である。自分が行ったことのない土地を勉強しようとしてイメージが浮かばないと全く違うとらえ方をする恐れがある。写真を見ることは効率もあがる。しかし写真だけを見ても偏見になってしまうかもしれないから，内容も詳しく勉強する必要がある」

⑩ 「写真というものは，実はとても奥が深いものである。ただ記録として現場を写真に写すだけ出はなく，撮り方によって，その土地の雰囲気など内面までも写すことができる。さらには，事実をいつわり，自分の都合のいいように物事を写し出すこともできる。しかし，一番大切なのは，「写真」の字のごとく，〈事実を写す〉ことが一番大切である」

⑪ 「(略)授業でも写真を見ましたが，やっぱり想像とは違い，イメージしているのと違う場合があるので実物を見て，しっかり本物を知って行くべきだと思いました」

⑫ 「(略)写真は文だけの表現とは違って，それを見る人の興味をぐっと引きつけることができる。しかし写真を撮った人と，見た人との間で差がうまれるものである(略)」

要点のまとめ　〈写真から理解，写真を見直すことの意義〉，〈地域の特徴と変化〉，〈イメージが広がる〉，〈見る人によって変化〉，〈撮影者の目的を理解〉，〈地理学的視点〉，〈写真の情報〉，〈読写には予備知識が必要〉，〈写真をしっかり読みとる〉，〈写真から地理学を知る〉，〈写真は景観把握と情報〉，〈写真と偏見〉，〈事実を写す〉，〈写真の撮り方〉，〈現地で確認〉，〈写真者と見た人との差〉などの指摘は重要である。

〈地誌と写真〉について考える──名古屋市内のM大学の感想事例(2011年12月)
① 「実際にその地域へ行き，フィールドワークを実施して，その地域の特性や問題などを経験的に理解する。その際には，写真でその土地の状況を残すことも必要である。また，写真を利用することで時代の変化なども比較できる。地域の特性を知るには写真から知ることもでき，写真は地誌学にとって必要なものと言うことができよう。さらに写真は子どもにも分かりやすく説明する道具として使えるため，学校教育でも活躍すると考えています」
② 「地誌にとって写真は一種の記録であると私は考える。フィールドワークは地誌にとって重要な調査方法だが，私はフィールドワークこそ写真は役立つと考える。文章や記憶に残すのもよいが，写真に残しておけばその地域で受けた印象を思い出す鍵にもなるし，誰かに伝えるための手がかりにもなる。写真は地誌における理解をより一層深め，研究における手がかりとなる。写真という記録があれば時間がたっていても比較でき，地誌の研究に役立つ」
③ 「写真は地誌学において必要不可欠である。写真はフィールドワーク時の正確な視覚的記録である。また，調査した内容の補助としての活用法や，研究対象の地域を訪れることなく研究する場合の資料としての使用も可能である。地誌学には，冷静に論理的に地域を語るため，自己の見方への洞察力を深め，異なるものへの好奇心と理性的な反応が大切である」
④ 「写真から読みとる内容は多様で，産業であったり気候であったり，文化であったりする。今回の講義においても，写真から読みとることを書くことが何度かあり，実践的に学んでいくことで，地誌を予測したりして思考力を養うものであると考える」

これらの感想の事例からでも，地誌学における写真の役割について，要点を端的によく捉えている。

大学での地理(学)教育では，主に人文地理学や地誌学などで多岐にわたり地理写真の活用してきた。高校の授業の反応も手応えが多くあったが，やはり大学の授業の反応はより深まっている。しかし，共通する内容や指摘も少なくない。地理(学)教育において，図表の活用に比重が置かれているが，地理写真の活用ももっと多面的に取り入れてみる意義も大きいのではないかと考えている。

## 参考文献

山本熊太郎『景観地理教授法』古今書院(1932)
志賀重昂『日本風景論』岩波書店(1937)
辻村太郎『景観地理学講話』地人書館(1937)
和辻哲郎『風土―人間学的考察』岩波書店(1963)
古島敏雄『土地に刻まれた歴史』岩波新書(1967)
谷岡武雄『地理学への道』地人書房(1973)
名取洋之助『写真の読み方』岩波新書(1974)
稲葉　潤『風景を読む―身近な自然の科学』講談社(1976)
藤岡謙二郎『地理学と歴史的景観』大明堂(1977)
藤岡謙二郎『景観変遷の地理学的研究』河原書店(1980)
浅香勝輔・足利健亮・桑原公徳・西田彦一・山崎俊郎『歴史がつくった景観』古今書院(1982)
松田　信「景観概念の受容と変容」(京都大学文学部地理学教室編『地理の思想』地人書房)(1982)
木原啓吉『歴史的環境―保存と再生―』岩波書店(1982)
香月洋一郎『景観のなかの暮らし―生産領域の民俗』未来社(1983)
小峯　勇「地理の教材開発」(町田　貞・篠原昭雄編著『地理教育の内容』社会科地理教育講座2 明治図書)(1984)
南出儀一郎「地理学習における資料の活用」(町田　貞・篠原昭雄編著『地理教育の方法』社会科地理教育講座3 明治図書)(1984)
石井　實『地理写真』古今書院(1988)
鳴海邦碩編『景観からのまちづくり』学芸出版社(1988)
水津一朗『景観の深層』地人書房(1989)
オーギュスタン・ベルク『日本の風景・西洋の風景』講談社現代新書(1990)
中村和郎・手塚　章・石井英也『地域と景観』地理学講座第4巻，古今書院(1991)
愛知大学綜合郷土研究所編『景観から地域像をよむ』名著出版(1992)
式　正英『風土の地誌』平凡社(1992)
オーギュスタン・ベルク『風土の日本―自然と文化の通態―』ちくま学術文庫(1992)
井関弘太郎『車窓の風景科学―名鉄本線―』東海選書24(1994)
特集「写真を語る」(堀　信行，小野裕吾，前島郁雄，杉谷　隆，石井　實)地理40―5(1995)
特集「写真で考える異文化理解」(梅村松秀，関　典子，新堀　毅，河村信治)地理43―8(1998)
篠原　修編・景観デザイン研究会『景観用語事典』彰国社(1998)
石井　實『地理の風景―地理写真集』大明堂(1999)
鳥越皓之編『景観の創造―民俗学からのアプローチ―』講座人間と環境4，昭和堂(1999)
文科省『高等学校学習指導要領解説―地理歴史編―』実教出版(1999)
千田　稔・前田良一・内田忠賢編『風景の事典』古今書院(2001)
内田芳明『風景の発見』朝日新聞社(2001)
菊池俊夫編著『風景の世界―風景の見方・読み方・考え方―』二宮書店(2004)
松原隆一郎・佐藤健二・若林幹夫・安藤一恵・荒山正彦編『〈景観〉を再考する』青弓社(2004)
山本正三ほか4名『自然環境と文化―世界の地理的展望』(改正版)，原書房(2004)
横山秀司『景観生態学』古今書院(2005)
土岐　寛『景観行政とまちづくり―美しい街並みをめざして―』時事通信社(2005)
杉谷　隆・平井幸弘・松本　淳『風景のなかの自然地理』(改訂版)古今書院(2005)
河村晃生・浅見和彦『壊れゆく景観―消えゆく日本の名所―』慶應義塾大学出版会(2006)
歴史地理学会「景観特集」歴史地理学49―1(2007)
桑子敏雄『空間の履歴』東信堂(2009)
八田二三一「中学・高校地理教育における地理写真の教材的効果に関する一考察」新地理57―2(2009)
田代　博「地理写真・空中写真・衛星画像(リモセン)」(中村和郎・高橋伸夫・谷内達・犬井正編『地理教育の方法』地理教育講座第Ⅱ巻 古今書院)(2009)
文科省『高等学校学習指導要領解説―地理歴史編―』教育出版(2010)
溝尾良隆『観光学と景観』古今書院(2011)
木岡伸夫『風土の論理――地理哲学への道』ミネルヴァ書房(2011)

〔著者の参考論考・資料〕

| | |
|---|---|
| 1981(昭和56)年 | 「地域に学ぶ地理教育」,地域,6号,大明堂 |
| 1986(昭和61)年 | 「濃尾平野(木曽川左岸)の自然と暮らし」名古屋瀬戸地区高等学校社会科研究会会誌 |
| 1987(昭和62)年 | 名古屋地理学会巡検「名古屋の歴史地理と周辺部の産業の高度化・情報化」資料 |
| | 人文地理学会巡検「名古屋大都市圏周辺部における工業・流通の新動向」資料 |
| | 「名古屋の地域学習―都市の総合学習のあり方―」,地理の広場,64号 |
| | 「名古屋の都市景観と周辺部の産業動向」,地理,32-1 |
| | 「名古屋の都心と郊外の変化」立命館大学地理学教室地理学野外実習(指導教官・戸所隆)資料 |
| | 「名古屋南部の都市再開発―神宮東地区と名古屋港を中心として―」,東海地理,第19号 |
| 1988(昭和63)年 | 「名古屋大須の動向―商店街近代化計画を中心として―」,東海地理,第20号 |
| | 「高校地理教育における野外研究のあり方と実践―15年間の継続を通じて―」,地理学報告,68号. |
| | 「浜名湖・浜松地区巡検報告」,名古屋・瀬戸地区高等学校社会科研究会会誌 |
| 1989(平成元)年 | 「世界認識のあり方―高校地理の取り組みから―」,地理学報告,68号(松井貞夫先生退官記念号) |
| 1990(平成2)年 | 「韓国都市ウォッチング入門」(野外歴史地理学研究会編『韓半島と済州島』所収) |
| | 「修学旅行と野外巡検」(座談会),修学旅行,1990年5月 |
| | 「岐阜県西濃地域の歴史と自然」,名古屋地理,3号 |
| | 「三河巡検・案内抄」,ニューFHG(野外歴史地理学研究会)会報,2号 |
| 1991(平成3)年 | 「高度経済成長下における奄美群島の動向」,名古屋地理,4号 |
| | 「韓国済州島への旅―風土と近況―」,島の絵,3号(日本離島研究会発行) |
| | 「タイ北部の都跡―スコタイとチェンセン―」(野外歴史地理学研究会編『タイランド―都市遺跡と山岳少数民族を訪ねて』所収) |
| | 「名古屋大都市圏の産業の動向と水環境」滋賀県高等学校社会科研究会地理部会巡検資料 |
| 1992(平成4)年 | 「三重県北勢地域の治水・利水・親水」,名古屋地理,5号 |
| | 「タイランド中北部を訪ねて」,東海地理,28号 |
| | 「タイランド北部国境地帯」,地理・地図,325号 |
| | 「タスマニアの産業―昔と今―」野外歴史地理学研究会編『タスマニアと本土の三都―オーストラリアの旅―』所収) |
| 1993(平成5)年 | 「タスマニア・リポート」,地理月報,407号 |
| | 「中国東北三省の都市を行く」,岐阜地理,第38号 |
| | 「モンゴル素描」(野外歴史地理学研究会編『北京と東北三省[付]モンゴルの旅』所収) |
| 1994(平成6)年 | 「ウォッチング名古屋港―海から陸から―」,名古屋地理,7号 |
| | 井関弘太郎・田中欣治・安積紀雄・原 眞一・山野明男・伊藤達也「木曽川デルタと名古屋港」日本地理学会秋季大会予稿集 |
| | 「地理教育とその周辺―その実践―」,立命館地理学,6号 |
| | 「イギリスの2つのウォーターフロント―リバプルとロンドン・ドッグランズ―」野外歴史地理学研究会編『スコットランドとイングランド』所収) |
| | 「スコットランド・イングランド巡検から」,東海地理,32号 |
| 1995(平成7)年 | 「東海道メガロポリスの中核都市・浜松の変貌―都市の再構築の最前線―」,名古屋地理,8号 |
| | 「カナダの大都市港湾のウォーターフロント再開発―トロントとバンクーバー―」(野外歴史地理学研究会編『カナダ・東と西』所収) |
| | 「カナダ都市素描」,地理・地図資料,1995年12月 |
| | 「カナダ東と西―巡検抄録―」名古屋地理,8号 |
| 1996(平成8)年 | 「豊川・矢作川・木曽三川」(犬井正編『日本の川を調べる』第4巻『東海・近畿の川とくらし』所収),理論社 |
| | 「名古屋の街・みなとウォッチング―歴史的景観とウォーターフロント―」ニューFHG(野外歴史地理学研究会)会報,14号 |
| 1997(平成9)年 | 「東南アジアの2つの側面―タイの北部山岳地帯と首都バンコクを事例として―」,地理・地図資料,5月号 |

|  |  |
|---|---|
|  | 「メコンデルタを行く」，愛知県立春日井西校図書館報，9号 |
|  | 「世界の港湾見て歩き」，名古屋港，90号 |
|  | 「岐阜県白川村と合掌造り集落(世界文化遺産)」『野外学習のしおり』愛知県立春日井西高等学校 |
|  | 「観光と高冷地農業の村・岐阜県高鷲村(現郡上市)の変貌」『野外学習のしおり』愛知県立春日井西高等学校 |
|  | 「ホノルル港の昨今」(野外歴史地理学研究会編『ハワイの自然と文化』所収) |
|  | 「ヴェトナム巡検抄録」，東海地理，34号 |
|  | 「壱岐・対馬の変容—人口・産業経済構造を中心として—」，島の絵6(日本離島研究会) |
|  | 「ハワイ島巡検記」，島の絵6(日本離島研究会) |
|  | 「琵琶湖博物館と草津・近江八幡—琵琶湖周辺の自然・暮らし・景観—」，名古屋地理，11号 |
| 1998(平成10)年 | 「地理Aの模索—あり方・実践・課題」，地域地理研究，3号 |
|  | 「シャン高原・インレー湖を訪ねて」野外歴史地理学研究会編『ミャンマーの人と風土』所収) |
| 1999(平成11)年 | 「ミャンマーの地理的認識—風土と経済を中心として—」，地理月報，No.449，1999年4月 |
|  | 「沖縄・波照間島再訪」，本棚第80号，愛知県立春日井高等学校 |
|  | 「タイランドを教えて—高校世界地理の一事例」，岐阜地理，43号(伊藤安男先生古希記念号) |
|  | 「郡上八幡とひるがの高原—岐阜県奥美濃地域の景観・観光・高冷地農業—」名古屋地理，12号 |
|  | 「ロフォーテン諸島の風土と暮らし」(野外歴史地理学研究会編『北欧の自然・民族・歴史—三都とラップランド—』所収) |
|  | 「北欧の2つのニュータウンと鉱山都市キルナ」，地理・地図資料，1999年12月 |
|  | 「長崎県・高島と伊王島の変容—旧炭鉱離島から島おこし」，東海地理，第36号 |
| 2000(平成12)年 | 「トンレサップ湖畔の移動漁村集落」，地理・地図資料，2000年4月 |
|  | 名古屋地理学会巡検「濃尾平野西部の水環境とくらし—干拓・輪中・扇状地・観光—」資料 |
|  | 「北欧の景観と暮らし」，名古屋地理，13号 |
|  | 「名古屋港・藤前干潟と瀬戸市・海上の森—干潟と里山の環境を考える—」東海地理，37号 |
|  | 「広州の二つの歴史的景観—鎮海楼(広州城)と旧沙面租界地」(野外歴史地理学研究会編『中国雲南と広州』所収) |
|  | 「三州足助と尾張瀬戸の景観と暮らしを訪ねて」，ニューFHG (野外歴史地理学研究会)会報，24号 |
|  | 「スコットランドとイングランド」(野外歴史地理学研究会編『世界の風土と人びと』所収)，ナカニシヤ出版 |
|  | 「ロンドンの首都景観」(野外歴史地理学研究会編『世界の風土と人びと』所収)，ナカニシヤ出版 |
|  | 原 眞一・山崎俊郎「囲郭都市・チェスター」(野外歴史地理学研究会編『世界の風土と人びと』所収)，ナカニシヤ出版 |
|  | 「モンゴル高原の自然と暮らし」(野外歴史地理学研究会編『世界の風土と人びと』所収)，ナカニシヤ出版 |
| 2001(平成13)年 | 「中国雲南省の少数民族を訪ねて」，地理・地図資料，2001年8月 |
|  | 「企業城下町・浜松」(相澤善雄・松木 茂編『統計から地域の変化を読む』所収)，古今書院 |
|  | 「名古屋港の発達過程と近年の動向」(浅香勝輔教授古希記念論文集『歴史と建築のあいだ』所収)，古今書院 |
|  | 「高校生の地理的意識・関心・認識を考える—豊かな地理観を目指して—」，地理学報告，93号 |
| 2002(平成14)年 | 「南・北大東島の動向と近況報告—地誌教材の視点を加味して—」，地理月報，No.446，2002年1月 |
|  | 「中国雲南省・西双版納リポート」，東海地理，第38号 |
|  | 「南大東島の景観」(人文地理学会主催『地理学ウィーク東海2002』資料集) |
| 2003(平成15)年 | 「台湾のサイエンスパークとハブ港の現状」，地理・地図資料，No.147，2003年6月 |
|  | 「地理の目・写真の眼—地理写真からのメッセージ」(人文地理学会第3回公開セミナー資料集『地理の職人技を考える—アルチザン地理学を求めて—』 |
|  | 立命館大学地理学同攻会愛知大会巡検「名古屋大都市圏の近年の動向と環境」資料 |
| 2004(平成16)年 | 岐阜県西濃地域から三重県北勢地域へ」東京・地理教育提言グループ巡検資料 |

|  | 「佐久島(愛知県)―アートで島おこし―」，地理，49-10 |
|---|---|
| 2005(平成17)年 | 「産業廃棄物問題とゴミのリサイクルを考える―香川県・豊島と東京都・八丈島の現地報告―」，東海地理，第40号 |
|  | 「クアラルンプル大都市圏の開発動向―新行政首都建設を中心として―」，地理・地図資料，No.157，2005年2月 |
|  | 「ヨーロッパのゲートウェー・ロッテルダム港」(野外歴史地理学研究会編『EU核心部の過去・現在・未来』所収) |
|  | 「カメラで駆け巡った熱い想いの15年」『ニューFHG 15年のあゆみ』(野外歴史地理学研究会) |
|  | 「名古屋と木曽三川下流域」東京都中学高等学校地理研究会巡検資料 |
| 2007(平成19)年 | 「三重県北勢地域の近世・近代の歴史地理と産業―桑名・四日市・鈴鹿のマンボ―」，ニューFHG (野外歴史地理学研究会)会報，39号 |
|  | 「分断国家―韓国―」地誌学授業資料 |
|  | 「気象災害と防災学習」地理月報，479号 |
|  | 「名瀬市(現奄美市)―道の島・奄美群島の港湾都市―」((阿部和俊編『都市の景観地理―日本編2―』所収)，古今書院 |
|  | 「名古屋地理学会の巡検20数年の軌跡」名古屋地理，20号(記念号) |
|  | 「メキシコシティ素描」(野外歴史地理学研究会編『メキシコ―ユカタン半島とメキシコ中央高原』所収) |
| 2008(平成20)年 | 「地形環境」自然地理学授業資料 |
|  | 「西ジャワとスマトラ島のプランテーション農業」(野外歴史地理学研究会編『スマトラ島と西ジャワ』所収) |
|  | 「ある高校地理教師の思い」(山口幸男・西木敏夫・八田二三一・小林正人・泉 高久編『地理教育カリキュラムの創造』所収)，古今書院 |
|  | 「北海道夕張市―産炭都市の産業解体と地域問題」地理学授業資料 |
|  | 「日本のモデル農業の動向―大型干拓地・秋田県大潟村」地理学授業資料 |
|  | 「フィジー諸島共和国の点描」地理・地図資料，2008年4月号 |
|  | 「名古屋を支えた近代遺産と景観―水運と産業―」岐阜地理学会巡検資料 |
|  | 「景観を考える」地理学授業資料 |
| 2009(平成21)年 | 「釜山の街とウォーターフロント」(野外歴史地理学研究会編『ソウルから韓国南部海岸を行く』所収) |
|  | 「メキシコ中央高原の地方都市グアナファトの歴史的景観」地理・地図資料，2009年4月号 |
|  | 「水平線と地平線が織りなす国土―オランダの光」(山田誠監修・野外歴史地理学研究会編『シネマ世界めぐり』所収)，ナカニシヤ出版 |
|  | 「戦後経済復興期における浜松の情景―涙―」(山田誠監修・野外歴史地理学研究会編『シネマ世界めぐり』所収)，ナカニシヤ出版 |
| 2010(平成22)年 | 「メキシコシティ―3代にわたる行政中心地の高原の巨大都市―」(阿部和俊編『都市の景観地理―イギリス・北アメリカ・オーストラリア編―』所収)，古今書院 |
|  | 「神戸港―国際港湾都市の変遷―」(野外歴史地理学研究会編『近畿を知る旅―歴史と風景―』所収)，ナカニシヤ出版 |
|  | 「コロンボと首都スリジャヤワルダナプラコッテ」(野外歴史地理学研究会編『スリランカの自然と文化遺産』所収) |
| 2011(平成23)年 | 「地理写真を活かした地理教育―高校での体験から―」，地理学報告，113号 |

# （付） 実習取材ノート　*Collect Data Note*

| | | | |
|---|---|---|---|
| | 大学　　　学部　　　年 | | 氏名 （フリガナ）<br>学生 NO. |
| 〈実習〉<br>　年　月　日 | 年　　　月　　　日　AM<br>　　　　　　　　　　PM | | |
| 実 習 名 | | | |
| 指導教官 | | | |
| 撮影対象 | | | |
| 撮影のねらい | | | |
| 撮影後の感想 | | | |
| | （　　　　年　　　月　　　日 記） | | |

# おわりに――地理写真から写真地理への模索を求めて

　地理教育において豊かな地域像や地理観の育成に重点を置き，その一環として地理写真に関心を抱いてきた。そのため地理写真を求めて，多くの地域に訪ね，撮り歩くことを心がけた。しかし，自作の地理写真を必ずしも十分に検討し計画的に活用を試みたというより，むしろ模索しながらの実施であった。

　授業の反応や学習者の感想やなどを加味して，体験からいえることは，地理教育における地理写真の果たす役割は多面的であり，その意義や効果は大きいものがあると手応えを感じてきた。とくに自作の地理写真の活用の場合は，その説明に対し臨場感があり説得力が強い。もちろん地理教育において，教室での多様な学習活動や野外での学習活動を通じて，地理的知識（教養）の涵養，地理的技能の習得，問題解決的能力などを育成することは重要である。

　一見，地理写真は現場主義のコピーのような感もするが，文字，地図，統計などでは捉えきれない野外の豊かで多様な視覚的情報が満載している。改めて「百聞は一見に如かず」の視点を見直し大切にしたい。地理写真の効果的な活用は，まずは自作の地理写真のストックからであると思っている。いうまでもないが自作の地理写真は，時間・経費・撮影条件など多くの制約はある。したがって自作の地理写真の撮影と活用は限度があるので，いろいろと他の写真や地図，図表などで補い活用している。

　自ら現地に出かけ，一枚の写真を撮る場合でも多面的に現地に接し見聞しているので，単なる写真の解説だけの活用ではない。ここに自作地理写真の最大の意義があり，インパクトの強いメッセージを伝えることができ，教育的効果は大きいと体験的に実感している。しかし，地理写真の活用には授業内容とのかかわり，活用の目的とタイミング，時間的制約などの課題が少なくない。検討して改善することはまだまだ多く残されている。

　地理教育において，教材の研究と資料を求め，また，地域に対する関心と問題意識を高めるために，「歩いて見て知る，歩いて見て考える」ことを大切にしてきた。それらを通して撮る地理写真の奥は深いと多少なりとも実感しつつある。

　高校現場を離れて（2007年）5年になる。それ以前も含めると，大学の非常勤講師として世界地誌，日本地誌，アジアの風土と生活，地誌概説などの地誌科目，地理学，人文地理学，経済地理学，自然地理学などの地理学関係，生活環境と人間，また地理歴史科教育法，社会科指導法など，と多くの科目を担当してきた。高校での体験を踏まえて，大学での地理（学）教育においても，地理写真の有効な活用を図り，地理写真の活用から，さらに地理（学）教育の諸分野で体系的かつ多面的に地理写真を取り入れることを試みる写真地理への模索を継続し発展させていきたい。

　地理教育において野外学習や地理写真を細々と続けられたことも，さまざまな巡検との出会い，とくに野外歴史地理学研究会の国内外の計画的・継続的な巡検が大きな支えであった。歴代会長の

故藤岡謙二郎先生(京都大学名誉教授)，樋口節夫先生(大阪国際大学名誉教授)，故小林健太郎先生(大阪大学教授)，山田　誠先生(京都大学名誉教授)，野間晴雄先生(関西大学教授)には大変お世話になりました。また，名古屋地理学会の巡検においても多くの巡検企画の機会や参加も支えになりました。特に故井関弘太郎先生(名古屋大学名誉教授)，林　上先生(名古屋大学名誉教授)には東海地域の巡検などでいろいろとお世話になってきました。ありがとうございました。巡検から地域を見る視点をいろいろと養うことができ，地理写真にも大いに還元することもできたと実感している。学生時代の野外実習や巡検において，現地で地域の捉え方の基礎的なトレーニングを教わったことは，印象深くその後の基盤となっている。当時の立命館大学地理学教室の故山口平四郎先生，谷岡武雄先生，故小林　博先生，佐々木高明先生，日下雅義先生の地理学のご指導に改めて心より感謝申し上げます。そして，学生時代，京都大学人類学研究会に毎週参加させていただき，大変お世話になりました，故梅棹忠夫先生(当時京都大学教授，のち国立民族学博物館初代館長)，本当にありがとうございました。

　本書の主要な骨子となったのは，次の2つの学会報告である。2003年10月に大阪で開催された人文地理学会主催の公開セミナー『地理の職人技を考える―アルチザン地理学を求めて―』での報告「地理の目・写真の眼―地理写真からのメッセージ」。そして2010年10月に名古屋大学で開催された日本地理学会主催の地理教育公開講座での報告「地理写真を活かした地理教育―高校での体験から―」である。報告の機会を与えていただきました実行(企画)委員の先生方，とくに野間晴雄先生(関西大学教授)と西岡尚也先生(琉球大学教授)にはお世話になりました。

　多くの海外・国内巡検で長年にわたり大変お世話になってきました野外歴史地理学研究会顧問で前会長の山田　誠先生(龍谷大学教授・京都大学名誉教授)には，本文のなかに心温まるご序文を戴きました。大変うれしく光栄です。深謝申し上げます。また，奈良大学名誉教授の池田　碩先生には出版にあたっていろいろと示唆をいただきました。ありがとうございました。

　長年，高校教育の現場に勤める傍ら，教材研究のため，少しの時間をできるかぎり有効に活用し，国内外の多くの地域を訪ねることができたのは，家族の支えが大きかったからである。家族にも感謝したい。もちろん多くの巡検仲間の皆様にも感謝します。

　最後になりましたが，出版に際し過分なご理解を賜りましたナカニシヤ出版の中西健夫社長，そして多くの示唆を戴き大変お世話になりました編集部の林　達三氏には，心より厚くお礼申し上げます。ありがとうございました。

2012年2月

原　眞一

〈著者紹介〉

**原　眞一**（はら　しんいち）

1946年生まれ。立命館大学文学部地理学科卒。愛知県立高校教員を定年退職後，現在，中京大学・中部大学・名城大学・三重大学・岐阜経済大学ほかの非常勤講師

関心分野：人文地理学・地誌学・地理教育・地理写真・島嶼学

著書：『高校生の野外研究』(毎日新聞社, 1979年)，『続高校生の野外研究』(毎日新聞社, 1980年)，『東海・近畿の川とくらし』日本の川を調べる4［分担］(理論社, 1996年)，『世界の風土と人びと』［分担］(ナカニシヤ出版, 2000年)，『中部Ⅰ　地形図で読む百年』［分担］(古今書院, 2000年)，『歴史と建築のあいだ』［分担］(古今書院, 2001年)，『統計から地域を読む』［分担］(古今書院, 2001年)，『都市の景観地理―日本編2―』［分担］(古今書院, 2007年)，『シネマ世界めぐり』［分担］(ナカニシヤ出版, 2009年)，『近畿を知る旅―歴史と風景―』［分担］(ナカニシヤ出版, 2010年)，『都市の景観地理―イギリス・北アメリカ・オーストラリア編―』［分担］(古今書院, 2010年)など。

---

## 写真地理を考える——a Photograph Notebook

2012年4月11日　初版第1刷発行
2016年4月15日　初版第3刷発行

定価はカバーに表示してあります

著　者——原　眞　一

発行者——中　西　健　夫

発行所——株式会社ナカニシヤ出版

〒606-8161　京都市左京区一乗寺木ノ本町15番地
Telephone　075-723-0111
Facsimile　075-723-0095
Website　http://www.nakanishiya.co.jp/
Email　iihon-ippai@nakanishiya.co.jp
郵便振替　01030-0-13128

印刷・製本　ファインワークス
Copyright © 2012 by Hara Shinichi
ISBN978-4-7795-0628-4　C3025
落丁本・乱丁本はお取り替えします。

本書のコピー，スキャン，デジタル化等の無断複製は著作権法上での例外を除き禁じられています。本書を代行業者等の第三者に依頼してスキャンやデジタル化することはたとえ個人や家庭内の利用であっても著作権法上認められておりません。

《知る！　見る！　楽しむ！》

## 世界の風土と人びと

無言の土地は何も語らないけれども，それを変化ある地域として語らせるものは地理学徒である……と，ミャンマー，タイ，ベトナム，カンボジア，イギリス，北ヨーロッパ，カナダ，オーストラリア，ハワイ，韓国，中国を歩く。通常のガイドブックで満足できない人のアドバンスガイド。

野外歴史地理学研究会　編
978-4-88848-612-3

写真・地図多数／A5判　280頁／2,500円＋税

## 近畿を知る旅
―歴史と風景―

歩く，見つける，旅をする，近畿の身近な風景。歴史が息づいた近畿6府県53の地域を網羅し，日帰りで気軽に足を運べるようなコースを提案。一味ちがった近畿の旅が楽しめる。

野外歴史地理学研究会　編
978-4-7795-0411-2

写真・地図多数／A5判　224頁／2,200円＋税

## シネマ世界めぐり

あの名シーンはどこで撮られたのか？アジア・アフリカ，ヨーロッパ，南北アメリカ・オセアニア，東北～中部日本・西南日本，古今東西の映画52本の舞台をめぐり，その〈風景〉を読みとく，ひと味ちがった映画の観方を案内。

山田　誠　監修
野外歴史地理学研究会　編
978-4-7795-0311-5

写真・地図多数／A5判　252頁／2,400円＋税

## 京都　まちかど遺産めぐり
―なにげない風景から歴史を読み取る―

歴史都市・京都。世界文化遺産にも指定された寺社仏閣に彩られたこの街は，普段なら見過ごしてしまう風景のなかにもミクロな文化遺産を秘めている。何の変哲もない道端に隠された「歴史」を発見する、一味違う京都案内。

千田　稔・本多健一・飯塚隆藤
鈴木耕太郎　編著
978-4-7795-0823-3

写真多数掲載／A5判　168頁／1,800円＋税

《ナカニシヤ出版》